U0653039

高等学校网络空间安全专业系列教材

网络安全法学

（第二版）

主编　赵　力

参编　李程慧

西安电子科技大学出版社

内 容 简 介

本书以我国当前的网络安全法律法规体系为基础，主要介绍了我国的网络安全法律制度，具体内容包括导论、网络安全法的基本原则、网络运行安全法律制度、网络信息内容安全法律制度、个人信息保护制度、数据安全法律制度、未成年人网络保护法律制度、网络安全犯罪等。

本书可以作为高等院校法学、计算机、通信工程及网络安全相关专业的教材使用。本书配有教学课件，请在出版社网站下载。

图书在版编目（CIP）数据

网络安全法学 / 赵力主编. -- 2 版. -- 西安：西安电子科技大学出版社, 2025. 7. -- ISBN 978-7-5606-7692-0

Ⅰ. D922.17

中国国家版本馆 CIP 数据核字第 2025M5R742 号

策　　划　陈　婷
责任编辑　陈　婷
出版发行　西安电子科技大学出版社（西安市太白南路 2 号）
电　　话　（029）88202421　88201467　　　邮　　编　710071
网　　址　www.xduph.com　　　　　　　电子邮箱　xdupfxb001@163.com
经　　销　新华书店
印刷单位　咸阳华盛印务有限责任公司
版　　次　2025 年 7 月第 1 版　　　2025 年 7 月第 1 次印刷
开　　本　787 毫米×1092 毫米　1/16　　　印　　张　9.75
字　　数　225 千字
定　　价　28.00 元

ISBN 978-7-5606-7692-0

XDUP 7993002-1

*** 如有印装问题可调换 ***

前　言

以《中华人民共和国网络安全法》所建构的网络安全规范体系为脉络，自2016年以来，《中华人民共和国民法典》《中华人民共和国个人信息保护法》《中华人民共和国数据安全法》《未成年人网络保护条例》《关键信息基础设施安全保护条例》等多部法律规范以及相关国家标准的出台，进一步完善了我国的网络安全法律制度体系。

新法的内容涉及网络运行安全、网络信息安全、监测预警与应急处置以及网络安全法律责任等方面。因此，我们对第一版教材进行了修订，除了增加相应章节之外，对于保留章节的内容亦进行了全面修订，以适应教学需要。

我们根据《中华人民共和国网络安全法》施行以来制定或新修订的法律、行政法规、规章、司法解释，以及行政法、民法、刑法、网络安全法等领域最新的前沿理论，主要对本书第一版作了以下六个方面的修订。

第一，根据国务院制定的《关键信息基础设施安全保护条例》对"网络运行安全法律制度"一章进行了修订，增加了关键信息基础设施的界定、认定，关键信息保护的义务主体、基本制度和法律责任等内容。

第二，增设了"数据安全法律制度"一章。2021年6月10日，《中华人民共和国数据安全法》由第十三届全国人大常委会第二十九次会议通过，自2021年9月1日起施行。这部法律是我国为保障数据安全颁布的首部专门性法律，本书第二版据此增加了相应内容。

第三，全面修改了"个人信息保护制度"一章。2021年8月20日，第十三届全国人大常委会第三十次会议表决通过《中华人民共和国个人信息保护法》，该法自2021年11月1日起施行。本书第一版中虽然有个人信息保护制度的内容，但是其编写依据是《信息安全技术　个人信息安全规范》(GB/T 35273—2017),比照最新立法,这部分内容已明显难以准确反映我国最新个人信息保护制度的面貌,故在第二版中进行了全面修改。

第四，增设"未成年人网络保护法律制度"一章。2020年10月17日第十三届全国人大常委会第二十二次会议对《中华人民共和国未成年人保护法》进行了修订，增加了网络保护相关制度。结合未成年人网络保护法律制度的最新情况，本书在第一版"儿童个人信息网络保护"的基础之上，增设专章对其予以体系性介绍。

第五，适应最新立法，对于相关表述进行更新。自 2021 年 1 月 1 日起《中华人民共和国民法典》开始施行，本书第一版中引用的大量民事法律规范的条文表述甚至内容都发生了变化，第二版针对此类情况对相关内容进行了修正和更新。

第六，对案例讨论、阅读材料进行更新。近年来，随着平台经济的崛起、大数据的广泛应用以及网络信息安全法律法规体系的不断健全，相关的司法实务和治理实践也发生了较大变化，遏制算法霸权、落实平台责任、防网络游戏沉迷、防大数据杀熟等成为新时期网络安全治理的主题。本书第二版结合最新的实务情况对相应的案例讨论、阅读材料进行了更新，以适应最新实践的发展。

感谢大家对本书的支持，不足之处请读者不吝赐教，并发送电子邮件到 zhaoli@hdu.edu.cn。

赵 力

2025 年 1 月于杭州

第一版前言

当今世界，互联网的普及和发展使得个人、组织乃至国家的活动都与网络紧密联系在一起。网络安全问题已经成为关系到个人安全乃至国家安全的重大问题。《中华人民共和国网络安全法》（以下简称《网络安全法》）正是在这样的背景下制定和颁行的。

2017 年 6 月 1 日，《网络安全法》正式实施，该法是我国网络安全领域第一部综合性、基础性的法律，改变了我国网络安全领域法律法规分散以及缺乏专门法规的状况，填补了我国网络安全基本法的空白，为网络安全法治建设打下了坚实基础。在《网络安全法》搭建的网络安全保障制度总体框架下，《网络产品和服务安全审查办法（试行）》《互联网新闻信息服务管理规定》《互联网新闻信息服务许可管理实施细则》《互联网信息内容管理行政执法程序规定》等一系列配套规定相继出台，其他一些配套法律法规也正在紧锣密鼓地制定中，它们共同构成了我国网络安全法制的基本框架。

对于从事"网络安全法"课程教学工作的教师而言，《网络安全法》的颁布给我们带来了一项新的任务，那就是更新相关的教学资料。在此之前，相关教学中使用的教科书多以"信息安全法"等名称命名。但是，之前的教学思维明显存在一些体系性的问题。

首先，早先的课程体系把握不够清晰。网络安全法是"以问题为导向"的法律规范，其内容具有一定的综合性和复杂性。网络安全问题的多元性决定了网络安全法律规范的多元性，网络安全法律规范涵盖了相关领域的民事法律规范、行政法律规范和刑事法律规范。分散立法时代的教学也显示出了一定的分散性，其重视对于具体领域信息安全的阐述，却难以从宏观上将知识更为体系化地呈现给学生。《网络安全法》颁行之后，网络安全法律体系的基本原则得以明晰，教学内容的体系性也明显随之提升。

其次，早先的课程对于网络运行安全的阐述不足。"运行安全"是一种动态的安全，在《网络安全法》颁行之前，相关领域的教学资料很少对此进行系统阐述，而是将更多的篇幅放在静态的信息安全内容上。随着《网络安全法》的颁行和教材的更新，"网络安全法"课程教学的体系和内容也日臻完善。

笔者供职的杭州电子科技大学是一所电子信息特色突出的教学研究型大学，"网络安全法"课程是面向网络安全、保密管理等专业开设的必修课。多年非法学专业的教学经验促使笔者不断思考如何改进教学内容，在帮助非法学专业学生建立基本的法律思维框架的同时兼顾他们的学科背景，以达到在培养相关专业学生的法律意识和守法精神的基础上，促使他们在未来的工作中能够主动、充分考虑法律制度对网络安全保护的要求。本书正是在此基础上进一步整理形成的。

在内容上，本书以我国当前的网络安全法律法规体系为基础，主要介绍了我国的网络安全法律制度。在结构上，本书每章除主体内容之外，还设置了本章重点、案例讨论和课后思考等内容，以帮助学生掌握各章节的重点知识，并在结合具体案例展开研讨的基础上，加深对相应章节内容的理解。

由于笔者水平有限，书中难免存在不足，敬请各位读者不吝赐教，可发送电子邮件到 zhaoli@hdu.edu.cn。

赵 力

2019 年 12 月于杭州

目　录

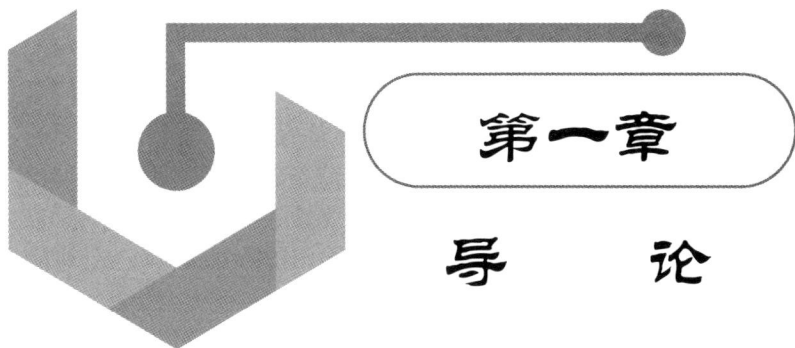

第一章

导 论

【本章重点】

1. 网络安全的内涵。
2. 网络立法的必要性。
3. 网络安全法的内涵与外延。
4. 我国网络安全立法的现状及其问题。

随着计算机的普及和互联网的发展，人类对于信息网络的依赖程度日益提高。计算机和互联网为人类的生活带来了诸多便利：人们借助网络传递信息、获取商品和服务；企业得以打破地域界限，缩减运营成本；政府利用互联网提供公共服务；国际社会通过网络互联互通、交流合作。然而，互联网在给人类带来便利的同时也引发了新的问题甚至威胁：网络盗窃、诈骗等不法行为既威胁到个人的财产和生命安全，也冲击着社会和国家秩序，甚至有恐怖分子利用互联网实施网络恐怖活动，国家能源、通信、金融、交通、应急保障等领域关键信息基础设施一旦遭到攻击将给社会秩序、国家利益带来难以估量的损失。因此，网络安全保障必须与信息化同行才能保障网络社会的良性发展。技术层面的网络安全保障职责由计算机技术、网络技术、密码技术等技术手段承担，制度层面的网络安全保障职责则需要由网络安全法来承担。网络安全法是适用于网络环境下网络安全保障制度的法律规范的总和。合理配置各方权利义务、维护良好的网络运行法律秩序、预防和惩治危害网络安全的违法犯罪活动是网络安全法的使命。

第一节 网络与网络安全

一、网络

(一) 网络的诞生

1983 年，托夫勒的《第三次浪潮》在中国出版，给刚刚打开门户的中国人展示了"一个全新的未来世界"。几千年前人类开展农作物的栽培所产生的第一次浪潮，开启了农业时代；几百年前的工业革命带来的第二次浪潮，开创了工业时代；人类发展到信息时代，迎来了第三次浪潮。每一次浪潮都促进了人类生产工具、思维方式、生活形态的大变革，计算机技术、互联网的发展，以及其发展所带来的巨大的、变革性的社会需求促使信息时代高速发展，整个世界被联结起来融为一体，人类面临一个崭新的网络生存空间。

互联网是在美国诞生的。1965 年，麻省理工学院(MIT)林肯实验室的 L. 罗伯茨(L. Roberts)成功地把一台 TX-2 小型计算机以电话线传输和声音调制方式，连接到千里之外的加利福尼亚，同另一台 Q-32 大型机实现了远程通信。而后，罗伯茨调到美国国防部高级研究计划署(Advanced Research Project Agency)，在 1968 年主持研究用于支持军事研究的计算机实验网——阿帕网(ARPANET)。1969 年，阿帕网的加州大学洛杉矶分校第一节点与斯坦福研究院的第二节点连接，实现了采用分组交换技术的远程通信，这标志着互联网的正式诞生。随后，其又与加州大学圣巴巴拉分校的第三节点和犹他大学第四节点连接。于是，具有四个节点的阿帕网正式启用，人类社会从此跨入了网络时代。

如今，互联网连接了世界上的所有国家和成亿台计算机，各国的互联网用户可以轻松便捷地突破时间与空间的限制，与远距离的个人、群体、组织进行沟通，极大地延伸了人类的生存与发展空间。互联网给人类生活营造了一个虚拟社会，人们从此生活在两个社会里：一个是传统的真实的由物质所构成的自然社会；另一个是由网络、计算机、数字等构成的非物质性的社会，它是一种超越时空的非物质世界，一种与传统社会不同的网络化的虚拟社会，成为人与人交往、沟通、互动的新型场所。互联网引起了人类社会和人类生存方式的变革。

(二) 网络的概念与分类

1. 网络的概念

对网络的定义通常是从网络的物理形态出发的。我国的《网络安全法》对"网络"的定义为："由计算机或者其他信息终端及相关设备组成的按照一定的规则和程序对信息进行收集、存储、传输、交换、处理的系统。"

2. 网络的分类

根据功能和地位的不同，网络可以分为局域网、城域网和骨干网。局域网是在较小的区域内组建的网络，如在公司内部或者某栋大楼内部，将几台或者数台计算机连接起来的，可以进行文件共享或通信的网络。如果将整个城市的计算机都连接起来，就是城域网。而将不同城市连接起来的网络则称为骨干网。这些骨干网是国家批准的可以直接和国外连接的互联网。从定义上来说，"骨干网'一般都是'广域网"，其作用范围从几十千米到几千千米不等。

根据使用范围不同，网络可以分为公用网和专用网。公用网也称为公众网或公共网，是指为公众提供公共网络服务的网络。公用网一般由国家电信部门出资建造，并由国家电信部门进行管理和控制，网络内的传输和转接装置可提供给任何部门和单位使用。公用网属于国家基础设施。专用网是指一个政府部门或一个公司组建经营的、仅供本部门或单位使用的、不向本单位以外的人提供服务的网络。例如，军队、民航、铁路、电力、银行等系统均有其系统内部的专用网。

根据网络的用途不同，网络还可以分为互联网、电信网、广电网、移动互联网、物联网、工业互联网等。互联网，又称因特网(Internet)，是由一些使用公用语言互相通信的计算机连接而成的网络，即广域网、局域网及单机按照一定的通信协议组成的国际计算机网络。电信网是由分布在不同地点的多个用户通信设备、传输设备、交换设备用通信线路互相连接，在相应通信软件支持下所构成的传递信息的系统。广电网，全称为广播电视网，通常是指各地有线电视网络公司负责运营的，通过 HFC(Hybrid Fiber Coaxial，即混合光纤同轴电缆)网向用户提供有线电视、交互式网络电视(IPTV)、宽带服务，通过电缆调制解调器(Cable Modem)连接到计算机的网络。移动互联网，就是将移动通信和互联网二者结合起来，成为一体，是互联网的技术、平台、商业模式和应用与移动通信技术结合并实践的活动的总称。物联网(Internet of Things)，就是物物相连的互联网，它通过信息传感器、射频识别技术、全球定位系统、红外感应器、激光扫描器等各种装置与技术，实时采集任何需要监控、连接、互动的物体或过程，采集其声、光、热、电、力学、化学、生物、位置等各种需要的信息，通过各类可能的网络接入，实现物与物、物与人的泛在连接，实现对物品和过程的智能化感知、识别和管理。物联网是一个基于互联网、传统电信网等的信息承载体，它让所有能够被独立寻址的普通物理对象形成互联互通的网络。工业互联网(Industrial Internet)是全球工业系统与高级计算、分析、传感技术及互联网的高度融合。工业互联网的本质和核心是通过工业互联网平台把设备、生产线、工厂、供应商、产品和客户紧密地连接融合起来，帮助制造业拉长产业链，形成跨设备、跨系统、跨厂区、跨地区的互联互通，从而提高效率，推动整个制造服务体系的智能化。这也有利于推动制造业融通发展，实现制造业和服务业之间的跨越发展，使工业经济各种要素资源能够高效共享。

二、网络空间

(一) 网络空间的概念及其构成

网络空间是由互联互通的设备和网络按照一定的规则和程序组成的，可以进行信息收集、存储、传输、交换、处理，并可以供人们交流互动的虚拟电子空间。

网络空间主要由以下几个要素构成：

1. 网络设备

网络空间是由计算机、智能终端、路由器、交换机、缆线等硬件设备联网构成的电子空间，这些硬件设备是构成网络空间的物理层。

2. 软件和协议

计算设备和传输设备必须借助软件和网络协议才能发挥处理和传输信息的功能。没有软件和协议的帮助，这些设备就不可能成为网络空间的一部分，也无法完成数据的处理、传输和交换。

软件是一系列按照特定顺序组织的计算机数据和指令的集合。软件包括系统软件和应用软件。系统软件指那些为了有效地使用计算机系统，为应用软件开发与运行提供支持，或者能够为用户管理与使用计算机提供方便的一类软件，如操作系统、程序设计语言处理系统等。应用软件泛指那些专门用于解决各种具体应用问题的软件，如文字处理软件、媒体播放软件、信息检索软件等。

网络协议是为了在计算机网络中进行数据交换而建立的规则、标准或约定的集合。网络协议由三个要素构成：

(1) 语义。语义是控制信息每个部分的意义。它规定了需要发出何种控制信息，以及完成的动作与做出什么样的响应。

(2) 语法。语法是用户数据与控制信息的结构与格式，以及数据出现的顺序。

(3) 时序。时序是对事件发生的顺序的详细说明。

简单地说，就是语义表示要做什么，语法表示要怎么做，时序表示做的顺序。

3. 信息

在网络空间，信息主要是指电子线路中传输的信号。网络最重要的意义在于处理、存储和传输信息，因此网络设备上生成、存储或传输的信息是网络空间的必备要素。网络上的信息主要表现为电子数据形态。

4. 网络主体

网络空间的主体包括网络建设者、运营者、服务提供者、监督管理者、用户等。

5. 网络行为

网络行为主要包括网络信息行为和网络技术行为。网络信息行为以信息为对象，如访问和浏览网页信息、下载和上传信息、播放网络音视频、接收或发送电子邮件等。网络技术行为主要有网络技术开发、网络维护、程序的升级等。

(二) 网络空间的特征

网络空间具有开放性、全球性、虚拟性的特征。

第一，开放性。网络空间的开放性是指互联网中信息的发布、获取和传播更加方便、快捷和自由。网络空间上的每一处信息资源对每个人来说都是开放的、平等的，人与人之间可以开放地进行交流、学习。任何人都可通过个人主页、QQ 空间、博客、微博、微信等方式获得更多的信息。尤其是微信的出现，不仅使人们的交流更加便捷，而且使人们能够随时随地了解时事新闻和社会发展的新事件。搜索引擎的出现，让网络变得更加开放，通过这些搜索工具人们能够搜索到自己之前不了解的任何事件，熟悉世界各个国家的文化，这样不仅极大地开拓了人们的眼界，还丰富了人们的生活。

第二，全球性。网络把全球缩小到一台电脑上，通过一根网线，世界就呈现在人们面前。互联网可以利用其独特的技术实现不同地域、不同国家之间的通信联系，打破了传统的地域限制。在这个环境中，人们交流和传递信息不受空间和时间的限制，无论相隔多么遥远，只需要一台电脑或是一部手机，就可以随时随地进行联络。随着网络技术的不断发展，这种联系会更加方便、更加快捷。

第三，虚拟性。在网络社会的信息交流和传播过程中，受网络相关技术的约束，人们只能知道发出信息人和接收信息人的 IP 地址，而这两者的真实信息是不被人知晓的。在以网名、ID、马甲为基本特征的网络空间中，一切都可以是虚拟的，如姓名、性别、年龄、国家……坐在网络另一端与你聊天的甚至可能只是一只动物。因此，人们通过一个网络虚构的社会，看不到彼此，却能感受到彼此的存在，既真实又虚幻。网络的虚拟性往往会降低网络信息发布者和使用者的自律性和责任心，引发欺诈或侮辱、诽谤等恶性案件。互联网并不是混沌的，它具有明显的社会性。人们利用互联网参与社会活动，传播或提出观点。作为一种新型的人际互动交往的空间，互联网正在构建一种新的社会形态，同时人们受到这个交往空间的内在机制与规则的影响与约束。作为一种虚拟的社会环境，网络空间具有社会角色虚拟性、价值观多元性、人际互动弱规范性和受化者主动性增强等特点。由此，一个人在社会化过程中(自然人到社会人)，必然受到现实的传统社会环境与虚拟的网络社会环境的双重影响，人们的行为将出现虚拟性、符号性的特点，道德规范、社会准则等对人们在社会交往、互动行为中的约束力将发生变化、创新或弱化。

网络空间虽然具有全球性和虚拟性等特征，但是网络空间不是全球公域，更不是法外之地，网络空间是构建在各国主权之上的电子空间。

三、网络安全

随着互联网的普遍运用和计算机技术的日益革新，以网络为核心的信息产业对世界文明发展的贡献远超其他产业。互联网对国际社会的各个领域的变革性影响已渗透到人类社会生活的各个方面，越来越多地改变着我们的生产和生活方式。

受到世界信息技术革命浪潮的影响，我国的互联网和信息化产业有了显著的发展。按照 CNNIC 的数据，截至 2024 年 6 月，国内网民数量已达到 10.9967 亿人，互联网普及率达到 78%，超过一半的国民已接入互联网；我国的".CN"域名注册保有量居全球第一；企业互联网使用比例上升，越来越多的企业使用互联网进行交流沟通、信息获取与发布、内部管理等方面的工作，为"互联网+"行动计划的实施奠定了基础。从这些数据来看，我国已然成为世界头号"网络大国"。

然而，随着信息化的推进，网络普及率不断提升，由此带来的网络安全问题也日益严重，涉及的范围从起初的国防军事扩大到了人们的日常生活。我国是全球范围内受到网络攻击最严重的国家，网络安全事件时有发生。为了保障经济的健康发展和社会的和谐稳定，当务之急就是要维护网络环境的安全。

(一) 网络安全的概念

对于网络安全的认识，不同的人有不同的看法。对于网络用户来说，网络安全就是指个人的信息和隐私不被他人恶意侵犯，人身和财产权益不受损害；对于网络运营者来说，网络安全就是保证网络系统的运行安全，能有效防御网络风险；对于安全部门来说，网络安全主要是保护信息不被窃取，因为信息的安全关系到国家安全。我国《网络安全法》附则部分对网络安全的定义为："网络安全是指通过采取必要措施，防范对网络的攻击、侵入、干扰、破坏和非法使用以及意外事故，使网络处于稳定可靠运行的状态，以及保障网络数据的完整性、保密性、可用性的能力。"

从我国现有的网络安全法律体系的整体出发，可以将网络安全的内容分解为以下几个方面：

(1) 网络系统安全，即保证网络信息处理和传输系统的安全，侧重于保证系统正常运行，避免由于系统的崩溃和损坏而对系统存储、处理和传输的消息造成破坏和损失，同时要防止因电磁泄漏造成信息泄露，干扰他人或受他人干扰。

(2) 网络运行安全，即网络运行系统、数据处理服务系统以及安全检测、网络监控、安全审计、风险分析、网络防病毒、备份及容错、应急计划和应急响应等方法和措施正常运转，不被非法侵入和破坏。

(3) 网络数据安全，即指对网络中传输、存储和处理的数据进行保护，确保数据的保密性、完整性、可用性。

(4) 网络信息内容安全，即网络上传播与存储的信息符合国家法律的规定，不存在危害国家安全、社会公共利益和个人合法权益的情形。

(二) 网络安全的保护机制

网络安全的威胁和风险既有技术来源，也有人和组织活动过程的来源。对于网络安全的保障既需要运用技术手段，也离不开信息伦理机制和法律机制的作用。

1. 技术手段

由于信息系统的复杂性和专业性，信息安全技术是网络安全保护的首要手段。密码技术、防火墙和 VPN 技术、入侵检测防护系统技术等是保护网络安全的基本技术手段。

密码技术是保障网络安全的核心技术之一。要保证电子信息的保密性，使用密码对信息进行加密是最有效的方式。使用密码技术生成数字签名、进行身份认证并对信息进行完整性校验是保证信息完整性过程中普遍使用的技术手段。

由于安全产品与技术的生产和运行成本较高，因而过于强调信息零风险可能使得安全成本太高，致使安全保障失去意义。因此，网络安全领域普遍认可"适度防范"原则，即在风险评估的前提下，引入恰当的控制措施，使风险降到可以接受的水平。

2. 信息伦理机制

在技术层面之外，网络安全的风险也来自网络活动过程中的个人与组织。因此，对网络活动参与者的行为予以规范就成为保障网络安全的重要机制之一。信息伦理机制是对这一领域内人们的活动予以规范的机制之一。信息伦理机制以善恶为标准对信息开发、信息传播、信息管理和利用提出伦理要求。

较著名的信息伦理原则是美国计算机伦理协会制定的"计算机伦理十诫"，其具体内容包括：

(1) 你不应该用计算机去伤害他人。

(2) 你不应该影响他人的计算机工作。

(3) 你不应该窥探他人的计算机文件。

(4) 你不应该用计算机进行偷盗。

(5) 你不应该用计算机作伪证。

(6) 你不应该拷贝或使用没有购买的软件。

(7) 你不应该使用他人的计算机资源，除非你得到了许可。

(8) 你不应该剽窃他人的智力成果。

(9) 你应该注意你正在写入的程序和你正在设计的系统的社会效应。

(10) 你应该始终注意，你使用计算机时是在进一步加强你对人类同胞的理解和尊敬。

信息伦理机制从伦理道德的层面对于人们的信息活动具有一定的约束力。但是，与其他领域的伦理道德规范相同，信息伦理机制是一种缺乏国家强制力保障的自律性质的行为规范，缺乏有力的执行机制，其执行有赖于个人的认同和自我约束。

3. 法律机制

法律机制是技术手段与信息伦理机制之外的一种保护网络安全的重要机制，也是本书讲解的对象。法律机制在一定程度上弥补了技术手段与信息伦理机制的不足，是各国普遍采用的网络安全保障机制。以美国为例，美国是世界上信息化最发达的国家之一，也是计算机和网络普及率较高的国家，其有关网络安全的立法活动也进行得较早。1977 年，美国颁布了《联邦计算机系统保护法案》，首次将计算机系统纳入法律的保护范畴。而后美国又颁布了《计算机安全法》《联邦电子通信隐私法案》《公民网络隐私权保护法案》《儿童网络隐私保护法》《千禧年著作权法案》等，在网络隐私权保护、网络犯罪惩治、电子商务及网络知识产权保护等领域分别制定了相应的法律规范。

我国的网络安全法律体系也在逐步健全的过程之中。自 20 世纪 80 年代以来，我国针对具体领域的网络安全问题制定了一系列法律法规，如《中华人民共和国电子签名法》《计算机病毒防治管理办法》《中华人民共和国计算机信息系统安全保护条例》等。在专门立法的同时，我国也基于网络安全保护及网络安全犯罪惩治的需要对于《中华人民共和国治安管理处罚法》《中华人民共和国食品安全法》《中华人民共和国刑法》(以下简称《刑法》)等法律规范进行了相应修订。2016 年 11 月 7 日，第十二届全国人民代表大会常务委员会第二十四次会议通过了《中华人民共和国网络安全法》，它是我国网络安全法制历程中具有里程碑意义的一部法律规范。该法规共计七章七十九条，明确了网络空间主权的原则、网络产品和服务提供者的安全义务、网络运营者的安全义务，进一步完善了个人信息保护规则，建立了关键信息基础设施安全保护制度，确立了关键信息基础设施重要数据跨境传输的规则，被称为我国的"网络安全基本法"。

第二节　网络安全战略

一、网络安全在国家安全中的战略地位

随着信息化时代的迅猛发展，网络安全在国家安全战略中的地位日益突显。习近平总书记强调："没有网络安全就没有国家安全，没有信息化就没有现代化。建设网络强国，要有自己的技术，有过硬的技术。"

网络安全日益成为国家安全的重要组成部分，网络安全在国家安全中占有举足轻重的战略地位。互联网作为新的独立变量，给世界各国的发展带来许多正能量，但同时由于一些无法克服的技术上的漏洞和人为的破坏，互联网作为信息的载体存在较为严重的安全隐患，这些隐患严重威胁着整个国家的经济、政治以及军事的安全。互联网自身具有适用性、促进性、对接性的特点，具有强大的经济、政治、安全、文化和社会效能，在全世界都被

广泛使用。互联网在造福人类社会的同时又隐藏着许多潜在问题。

在信息化时代，一个国家的网络安全对其综合国力、经济竞争力以及生存能力都具有十分重要的作用。作为国家发展的主要战略资源，互联网安全直接影响国家安全。根据我国发展情况以及世界互联网发展大趋势，我国信息专家沈昌祥院士提出："网络信息安全问题如果解决不好，将全方位地危及我国的政治、军事、经济、文化和社会生活的各个方面，使国家处于威胁之中。"

(一) 网络安全与国家经济安全

国家的经济安全关系到国家战略安全。国家经济安全是指一个国家根本的经济利益不受侵害，主要包括：国家经济基础稳固、运行健康、增长稳定、发展持续；在国际经济交往中具有一定的自主性、防卫力和竞争力，不至于因为某些问题的演化而使整个经济受到过大的打击或遭受过多的损失；能够避免或化解可能发生的局部性或全局性的危机。

虽然各个国家的经济发展水平相差较大，但都力图通过发展科学技术来推动经济发展。对互联网依赖程度的日益加深给经济发展带来了很多的不安全因素，互联网的安全一旦遭到威胁，经济安全也会因此受到重创。

第一，互联网的基础设施安全是影响国家经济安全的重要因素。国际金融和商业贸易领域对互联网的高度依赖凸显了互联网基础设施的重要性。在现实生活中，网络安全影响经济的发展，其存在的问题也为经济发展埋下了安全隐患。由于我国互联网发展起步晚、技术相对落后，网络安全隐患不可避免。如果国家的金融、商贸、交通、通信等系统遭到恶意攻击，与其相关的经济系统将犹如经历一场没有硝烟的战争，必然随之受到威胁，其损失不可估量。在互联网发展的今天，保护互联网的安全稳定运行已成为国家经济发展的重要因素。通过对大量的实际案例及资料进行分析可以发现，现在很多国家所使用的关于网络信息的关键技术大部分都有美国制造的标签：硬盘来自希捷公司，CPU 来自英特尔公司，交换机服务器来自思科公司，服务器来自 IBM 和 HP，而操作系统和办公软件均来自微软公司(Windows 系统和 Office 办公软件基本上垄断了全球办公软件市场)，美国在这些复杂的软件中植入一些特别的软件，凭借这种技术垄断对我国的信息技术加以控制，从而实行技术垄断、技术殖民、技术霸权。而我国在信息、技术、经济等方面对互联网的严重依赖，必定会导致我国经济安全问题日益凸显。随着现代化、信息化的高度普及，互联网已发展成社会运行的核心系统。一些非政府组织和一些活跃在网络中的具有黑客称谓的第三方，甚至一些国家，正在通过一些不正当的手段，试图控制和影响整个互联网运行的系统，如国家的金融系统、交通系统、电力系统等。而现代化的市场、技术、生产、运营以及服务系统都和互联网连为一体，电子商务、网上交易的广泛应用和安全防护措施不够完善，为网络攻击提供了更多便利条件。如果国家信息网络系统，尤其是金融网络系统遭受攻击，就可能带来严重的后果。

第二，网络信息安全是影响国家经济安全的关键。互联网的开放性、匿名性和隐蔽性使其成为滋生网络黑客、病毒以及一些跨国犯罪集团的温床。据美国 FBI 研究，在黑客采用的各式诈骗手法中，列居第一位的是以 FBI 名义采取邮件诈骗(16.6%)；未收到商品或款项的诈骗手段居于第二位(11.9%)，还有预付款诈骗(9.8%)、身份盗窃等其他诈骗手段。从诈骗金额数量上看，损失金额最大的来自投资诈骗。被送至执法机关的 5 大类诈骗案件分别为未收到商品或款项、身份盗窃、信用卡诈骗、拍卖诈骗以及电脑诈骗。互联网的普及使网络犯罪呈国际化趋势。随着对互联网应用的进一步加深，加强网络信息安全的保护对国家经济建设发展起着极其重要的作用。

(二) 网络安全与国家军事信息安全

军事安全是保障国家安全的基础，也在过去较长时间内担负着国家安全的最主要职能。时代的进步使军事手段不断发生变革，经历了从冷兵器到热兵器、从步兵到机械化集体作战、从机械化到信息化的过程。在现代化的发展进程中，信息技术已经成为军事发展的一个重要因素，其有效的利用不仅可以改变现代的战争形态，也会影响未来的战争形势，该项技术已经成为战争中所需要的新式武器。网战与国家的存亡息息相关。哈佛大学教授查理德·克拉克(Richard E. Clark)在其《网络战：对国家安全的下一个威胁及应对措施》一书中提到网络战场面：由于军事邮件系统遭到破坏导致无法控制卫星；电力供应中断导致机场调度、交通运输、金融网络陷入混乱之中。

就目前为止，大部分国家的各种军事指挥系统都是与互联网系统相互连接的，一旦整个军事指挥系统受到病毒的侵袭，整个军队就会陷入瘫痪的状态。网络战不仅是"硬实力"的碰撞，有时还可将其巧妙运用，对敌方展开心理战术。通过散布虚假信息，蛊惑军心，动摇民心，让政府丧失作战信心，进而军心涣散，甚至丧失作战能力。目前，世界上除美国外，已经有许多国家，如俄罗斯、韩国、日本、印度等相继组建了数字化部队。种种迹象在告诉我们，"网络战"正在悄然而至。

(三) 网络安全与国家政治安全

互联网技术的创新与发展将过去仅为了满足人们生活娱乐与消费的工具逐渐扩展为表达思想和参与政治活动的有力工具。就现实所反映的实际情况而言，网络媒体一方面对国家的政治安全具有积极的作用，但另一方面也会阻碍国家的政治发展：当其被利益集团利用时，便成为其对社会施加控制的利器；而当其被民众所用时，便成为捍卫公民权益、监督和制约政府行为的有效手段。互联网对发展中国家的政治安全存在诸多不利影响。

1. 削弱国家主权安全

世界由一个个民族国家组成，在相当长的一段时间里，国际社会中都存在着民族和国家的概念，在处理国际关系时，各国政府将国家主权与民族利益作为首要因素。当淡化国界、宣扬全球化理念的互联网碰触国家主权和民族利益的边界时便会产生矛盾和冲突。具体而言，互联网具有开放性和全球性，其传播的"全球化理念"，触碰了民族国家的利益界限，潜移默化地促使民族国家原有的价值观趋于淡漠。在一定程度上，互联网撼动了一个民族长期以来所形成的集体主义观念和信仰，长期下去对文化归属感和国家主权统一的意识都会产生极大的威胁。

由于网络管理方式较为分散，互联网信息交流与传播多数不受政府管制，其在很大程度上削弱了政府对公民行为的控制能力。此外，互联网具有流动性、全球性和平等性，在推动经济全球化，增强国家与国家间的相互依存度的同时，也逐渐削弱了民族国家在国内外事物上的自主决断的权利。与此同时，互联网也是非国家行为体"表现"的最佳领域。

因此，在互联网时代，国家主权已从"绝对主权"逐渐转变为"相对主权"。

2. 破坏意识形态安全

互联网的全球性与高效性使得人们在查阅信息时不受时间与空间的限制。西方国家通过互联网对他国输出价值观，这对于发展中国家的意识形态构成了严重的威胁。一些网络技术水平较为落后的发展中国家不得不接受西方国家所传播的价值观，长而久之，就会悄无声息地被西方国家的价值观所同化，催生信息殖民化的政治效应。西方网络大国凭借语言与技术的优势，广泛传播其价值观与政治理念，对发展中国家的意识形态产生了极大的威胁。

3. 影响国家政治稳定

互联网的开放性为国家的民主政治提供了一个可靠的发展机会，但是也为一些不良的政治发展模式提供了发展的条件，造成一些国家失去了对政治参与的控制能力，导致国家的整体体制受到威胁，进而影响其有效的发展。

大多数发展中国家处在社会的转型期，其经济社会发展中的一些问题与矛盾会通过互联网反映出来，并借助互联网进一步放大。一方面，民众的情绪会被网络上经过操纵的信息以及虚假信息所影响，政府作出的决策也深受民众情绪的影响，这会使其政治体系无法保持理性，进而影响法律在人民心中的地位，损害国家的长远利益；另一方面，互联网的无序性使得矛盾和问题难以得到解决，因此激化了社会矛盾，严重威胁政治的稳定。

二、我国网络安全战略的内容

为贯彻落实习近平主席关于推进全球互联网治理体系变革的"四项原则"和构建网络空间命运共同体的"五点主张"，阐明中国关于网络空间发展和安全的重大立场，指导中国网络安全工作，维护国家在网络空间的主权、安全、发展利益，2016年12月27日，经中央网络安全和信息化领导小组批准，国家互联网信息办公室发布了《国家网络空间安全战略》。

《国家网络空间安全战略》主要包括以下几个方面的内容。

(一) 机遇和挑战

《国家网络空间安全战略》首先阐述了我国在网络发展上面临的机遇和挑战。伴随信息革命的飞速发展，互联网、通信网、计算机系统、自动化控制系统、数字设备及其承载的应用、服务和数据等组成的网络空间，正在全面改变人们的生产生活方式，深刻影响人类社会历史发展进程。网络的发展带来了信息传播的新渠道。网络技术的发展，突破了时空限制，拓展了传播范围，创新了传播手段，引发了传播格局的根本性变革。网络已成为人们获取信息、学习交流的新渠道，成为人类知识传播的新载体。网络的发展开拓了生产生活的新空间。当今世界，网络深度融入人们的学习、生活、工作等方方面面，网络教育、创业、医疗、购物、金融等日益普及，越来越多的人通过网络交流思想、成就事业、实现梦想。网络是经济发展的新引擎。互联网日益成为创新驱动发展的先导力量，信息技术在国民经济各行业广泛应用，推动传统产业改造升级，催生了新技术、新业态、新产业、新模式，促进了经济结构调整和经济发展方式转变，为经济社会发展注入了新的动力。网络是文化繁荣的新载体。网络促进了文化交流和知识普及，释放了文化发展活力，推动了文化创新创造，丰富了人们精神文化生活，已经成为传播文化的新途径、提供公共文化服务的新手段。网络文化已成为文化建设的重要组成部分。网络是社会治理的新平台。网络在推进国家治理体系和治理能力现代化方面的作用日益凸显，电子政务应用走向深入，政府信息公开共享，推动了政府决策科学化、民主化、法治化，畅通了公民参与社会治理的渠道，成为保障公民知情权、参与权、表达权、监督权的重要途径。网络是交流合作的新纽带。信息化与全球化交织发展，促进了信息、资金、技术、人才等要素的全球流动，增进了不同文明交流融合。网络让世界变成了地球村，国际社会越来越成为你中有我、我中有你的命运共同体。网络是国家主权的新疆域。网络空间已经成为与陆地、海洋、天空、太空同等重要的人类活动新领域，国家主权拓展延伸到网络空间，网络空间主权成为国家主权的重要组成部分。尊重网络空间主权，维护网络安全，谋求共治，实现共赢，正在成为国际社会共识。

网络的发展也给我国带来了严峻的挑战。网络安全形势日益严峻，国家政治、经济、文化、社会、国防安全及公民在网络空间的合法权益面临严峻风险与挑战。网络渗透危害政治安全。政治稳定是国家发展、人民幸福的基本前提。利用网络干涉他国内政、攻击他国政治制度、煽动社会动乱、颠覆他国政权，以及大规模网络监控、网络窃密等活动严重危害国家政治安全和用户信息安全。网络攻击威胁经济安全。网络和信息系统已经成为关键基础设施乃至整个经济社会的神经中枢，遭受攻击破坏、发生重大安全事件，将导致能源、交通、通信、金融等基础设施瘫痪，造成灾难性后果，严重危害国家经济安全和公共利益。网络有害信息侵蚀文化安全。网络上各种思想文化相互激荡、交锋，优秀传统文化和主流价值观面临冲击。网络谣言、颓废文化和淫秽、暴力、迷信等违背社会主义核心价值观的有害信息侵蚀青少年身心健康，败坏社会风气，误导价值取向，危害文化安全。网上道德失范、诚信缺失现象频发，网络文明程度亟待提高。网络恐怖和违法犯罪破坏社会安全。恐怖主义、分裂主义、极端主义等势力利用网络煽动、策划、组织和实施暴力恐怖活动，直接威胁人民生命财产安全、社会秩序。计算机病毒、木马等在网络空间传播蔓延，网络欺诈、黑客攻击、侵犯知识产权、滥用个人信息等不法行为大量存在，一些组织肆意窃取用户信息、交易数据、位置信息以及企业商业秘密，严重损害国家、企业和个人利益，影响社会和谐稳定。网络空间的国际竞争方兴未艾。国际上争夺和控制网络空间战略资源、抢占规则制定权和战略制高点、谋求战略主动权的竞争日趋激烈。个别国家强化网络威慑战略，加剧网络空间军备竞赛，世界和平受到新的挑战。

网络空间机遇和挑战并存，机遇大于挑战。必须坚持积极利用、科学发展、依法管理、确保安全，坚决维护网络安全，最大限度利用网络空间发展潜力，更好惠及中国人民，造福全人类，坚定维护世界和平。

（二）目标

我国的国际网络安全战略目标可以概括为：以总体国家安全观为指导，贯彻落实创新、协调、绿色、开放、共享的新发展理念，增强风险意识和危机意识，统筹国内国际两个大局，统筹发展安全两件大事，积极防御、有效应对，推进网络空间和平、安全、开放、合作、有序，维护国家主权、安全、发展利益，实现建设网络强国的战略目标。

和平：信息技术滥用得到有效遏制，网络空间军备竞赛等威胁国际和平的活动得到有效控制，网络空间冲突得到有效防范。

安全：网络安全风险得到有效控制，国家网络安全保障体系健全完善，核心技术装备安全可控，网络和信息系统运行稳定可靠。网络安全人才满足需求，全社会的网络安全意识、基本防护技能和利用网络的信心大幅提升。

开放：信息技术标准、政策和市场开放、透明，产品流通和信息传播更加顺畅，数字鸿沟日益弥合。不分大小、强弱、贫富，世界各国特别是发展中国家都能分享发展机遇、共享发展成果、公平参与网络空间治理。

合作：世界各国在技术交流、打击网络恐怖和网络犯罪等领域的合作更加密切，多边、民主、透明的国际互联网治理体系健全完善，以合作共赢为核心的网络空间命运共同体逐步形成。

有序：公众在网络空间的知情权、参与权、表达权、监督权等合法权益得到充分保障，网络空间个人隐私获得有效保护，人权受到充分尊重。网络空间的国内和国际法律体系、标准规范逐步建立，网络空间实现依法有效治理，网络环境诚信、文明、健康，信息自由流动与维护国家安全、公共利益实现有机统一。

(三) 原则

一个安全稳定繁荣的网络空间，对各国乃至世界都具有重大意义。中国愿与各国一道，加强沟通、扩大共识、深化合作，积极推进全球互联网治理体系变革，共同维护网络空间和平安全。

1. 尊重维护网络空间主权

网络空间主权不容侵犯，尊重各国自主选择发展道路、网络管理模式、互联网公共政策和平等参与国际网络空间治理的权利。各国主权范围内的网络事务由各国人民自己做主，各国有权根据本国国情，借鉴国际经验，制定有关网络空间的法律法规，依法采取必要措施，管理本国信息系统及本国疆域上的网络活动；保护本国信息系统和信息资源免受侵入、干扰、攻击和破坏，保障公民在网络空间的合法权益；防范、阻止和惩治危害国家安全和利益的有害信息在本国网络传播，维护网络空间秩序。任何国家都不搞网络霸权、不搞双重标准，不利用网络干涉他国内政，不从事、纵容或支持危害他国国家安全的网络活动。

2. 和平利用网络空间

和平利用网络空间符合人类的共同利益。各国应遵守《联合国宪章》关于不得使用或威胁使用武力的原则，防止信息技术被用于与维护国际安全与稳定相悖的目的，共同抵制网络空间军备竞赛、防范网络空间冲突。坚持相互尊重、平等相待，求同存异、包容互信，尊重彼此在网络空间的安全利益和重大关切，推动构建和谐网络世界。反对以国家安全为借口，利用技术优势控制他国网络和信息系统、收集和窃取他国数据，更不能以牺牲别国安全谋求自身所谓绝对安全。

3. 依法治理网络空间

全面推进网络空间法治化，坚持依法治网、依法办网、依法上网，让互联网在法治轨道上健康运行。依法构建良好网络秩序，保护网络空间信息依法有序自由流动，保护个人隐私，保护知识产权。任何组织和个人在网络空间享有自由、行使权利的同时，须遵守法律，尊重他人权利，对自己在网络上的言行负责。

4. 统筹网络安全与发展

没有网络安全就没有国家安全，没有信息化就没有现代化。网络安全和信息化是一体之两翼、驱动之双轮。正确处理发展和安全的关系，坚持以安全保发展，以发展促安全。安全是发展的前提，任何以牺牲安全为代价的发展都难以持续。发展是安全的基础，不发展是最大的不安全。没有信息化发展，网络安全也没有保障，已有的安全甚至会丧失。

(四) 战略任务

中国的网民数量和网络规模世界第一，维护好中国网络安全，不仅是自身需要，而且对维护全球网络安全乃至世界和平都具有重大意义。中国致力于维护国家网络空间主权、安全、发展利益，推动互联网造福人类，推动网络空间和平利用和共同治理。

1. 坚定捍卫网络空间主权

根据宪法和法律法规管理我国主权范围内的网络活动，保护我国信息设施和信息资源安全，采取包括经济、行政、科技、法律、外交、军事等一切措施，坚定不移地维护我国网络空间主权。坚决反对通过网络颠覆我国国家政权、破坏我国国家主权的一切行为。

2. 坚决维护国家安全

防范、制止和依法惩治任何利用网络进行叛国、分裂国家、煽动叛乱、颠覆或者煽动颠覆人民民主专政政权的行为；防范、制止和依法惩治利用网络进行窃取、泄露国家秘密等危害国家安全的行为；防范、制止和依法惩治境外势力利用网络进行渗透、破坏、颠覆、分裂活动。

3. 保护关键信息基础设施

国家关键信息基础设施是指关系国家安全、国计民生，一旦数据泄露、遭到破坏或者丧失功能可能严重危害国家安全、公共利益的信息设施，包括但不限于提供公共通信、广播电视传输等服务的基础信息网络，能源、金融、交通、教育、科研、水利、工业制造、医疗卫生、社会保障、公用事业等领域和国家机关的重要信息系统，重要互联网应用系统等。采取一切必要措施保护关键信息基础设施及其重要数据不受攻击破坏。坚持技术和管理并重、保护和震慑并举，着眼识别、防护、检测、预警、响应、处置等环节，建立实施关键信息基础设施保护制度，从管理、技术、人才、资金等方面加大投入，依法综合施策，切实加强关键信息基础设施安全防护。

关键信息基础设施保护是政府、企业和全社会的共同责任，主管、运营单位和组织要按照法律法规、制度标准的要求，采取必要措施保障关键信息基础设施安全，逐步实现先评估后使用。加强关键信息基础设施风险评估。加强党政机关以及重点领域网站的安全防护，基层党政机关网站要按集约化模式建设运行和管理。建立政府、行业与企业的网络安全信息有序共享机制，充分发挥企业在保护关键信息基础设施中的重要作用。

坚持对外开放，立足开放环境下维护网络安全。建立实施网络安全审查制度，加强供应链安全管理，对党政机关、重点行业采购使用的重要信息技术产品和服务开展安全审查，提高产品和服务的安全性和可控性，防止产品服务提供者和其他组织利用信息技术优势实施不正当竞争或损害用户利益。

4. 加强网络文化建设

加强网上思想文化阵地建设，大力培育和践行社会主义核心价值观，实施网络内容建设工程，发展积极向上的网络文化，传播正能量，凝聚强大精神力量，营造良好网络氛围。鼓励拓展新业务、创作新产品，打造体现时代精神的网络文化品牌，不断提高网络文化产业规模水平。实施中华优秀文化网上传播工程，积极推动优秀传统文化和当代文化精品的数字化、网络化制作和传播。发挥互联网传播平台优势，推动中外优秀文化交流互鉴，让各国人民了解中华优秀文化，让中国人民了解各国优秀文化，共同推动网络文化繁荣发展，丰富人们的精神世界，促进人类文明的进步。

加强网络伦理、网络文明建设，发挥道德教化引导作用，用人类文明优秀成果滋养网络空间、修复网络生态。建设文明诚信的网络环境，倡导文明办网、文明上网，形成安全、文明、有序的信息传播秩序。坚决打击谣言、淫秽、暴力、迷信、邪教等违法有害信息在网络空间的传播和蔓延。提高青少年网络文明素养，加强对未成年人的上网保护，通过政府、社会组织、社区、学校、家庭等方面的共同努力，为青少年健康成长创造良好的网络环境。

5. 打击网络恐怖和违法犯罪

加强网络反恐、反间谍、反窃密能力建设，严厉打击网络恐怖和网络间谍活动。

坚持综合治理、源头控制、依法防范，严厉打击网络诈骗、网络盗窃、贩枪贩毒、侵害公民个人信息、传播淫秽色情、黑客攻击、侵犯知识产权等违法犯罪行为。

6. 完善网络治理体系

坚持依法、公开、透明管网治网，切实做到有法可依、有法必依、执法必严、违法必究。健全网络安全法律法规体系，制定出台网络安全法、未成年人网络保护条例等法律法规，明确社会各方面的责任和义务，明确网络安全管理要求。加快对现行法律的修订和解释，使之适用于网络空间。完善网络安全相关制度，建立网络信任体系，提高网络安全管理的科学化规范化水平。

加快构建法律规范、行政监管、行业自律、技术保障、公众监督、社会教育相结合的网络治理体系，推进网络社会组织管理创新，健全基础管理、内容管理、行业管理以及网络违法犯罪防范和打击等工作联动机制。加强网络空间通信秘密、言论自由、商业秘密，以及名誉权、财产权等合法权益的保护。

鼓励社会组织等参与网络治理，发展网络公益事业，加强新型网络社会组织建设。鼓励网民举报网络违法行为和不良信息。

7. 夯实网络安全基础

坚持创新驱动发展，积极创造有利于技术创新的政策环境，统筹资源和力量，以企业为主体，产学研用相结合，协同攻关、以点带面、整体推进，尽快在核心技术上取得突破。

重视软件安全，加快安全可信产品推广应用。发展网络基础设施，丰富网络空间信息内容。实施"互联网+"行动，大力发展网络经济。实施国家大数据战略，建立大数据安全管理制度，支持大数据、云计算等新一代信息技术创新和应用。优化市场环境，鼓励网络安全企业做大做强，为保障国家网络安全夯实产业基础。

建立完善国家网络安全技术支撑体系。加强网络安全基础理论和重大问题研究。加强网络安全标准化和认证认可工作，更多地利用标准规范网络空间行为。做好等级保护、风险评估、漏洞发现等基础性工作，完善网络安全监测预警和网络安全重大事件应急处置机制。

实施网络安全人才工程，加强网络安全学科专业建设，打造一流网络安全学院和创新园区，形成有利于人才培养和创新创业的生态环境。办好网络安全宣传周活动，大力开展全民网络安全宣传教育。推动网络安全教育进教材、进学校、进课堂，提高网络媒介素养，增强全社会网络安全意识和防护技能，提高广大网民对网络违法有害信息、网络欺诈等违法犯罪活动的辨识和抵御能力。

8. 提升网络空间防护能力

网络空间是国家主权的新疆域。建设与我国国际地位相称、与网络强国相适应的网络空间防护力量，大力发展网络安全防御手段，及时发现和抵御网络入侵，铸造维护国家网络安全的坚强后盾。

9. 强化网络空间国际合作

在相互尊重、相互信任的基础上，加强国际网络空间对话合作，推动互联网全球治理体系变革。深化同各国的双边、多边网络安全对话交流和信息沟通，有效管控分歧，积极参与全球和区域组织网络安全合作，推动互联网地址、根域名服务器等基础资源管理国际化。

支持联合国发挥主导作用，推动制定各方普遍接受的网络空间国际规则、网络空间国际反恐公约，健全打击网络犯罪司法协助机制，深化在政策法律、技术创新、标准规范、应急响应、关键信息基础设施保护等领域的国际合作。

加强对发展中国家和落后地区互联网技术普及和基础设施建设的支持援助，努力弥合数字鸿沟。推动"一带一路"建设，提高国际通信互联互通水平，畅通信息丝绸之路。搭建世界互联网大会等全球互联网共享共治平台，共同推动互联网健康发展。通过积极有效的国际合作，建立多边、民主、透明的国际互联网治理体系，共同构建和平、安全、开放、合作、有序的网络空间。

第三节　网络法与网络安全法

一、网络法

(一) 网络立法的必要性

网络空间与现实的物理世界密不可分，但由于其具有虚拟性、全球性、即时性、无国界性等特点，势必需要构建一个新的法律空间。在这个独特的领域内，网络技术的发展对传统法律的影响是多方面的。这些影响既体现在传统法律概念的内涵方面，也体现在其外延方面，既包括对涉人概念的影响，也包括对涉事概念和涉物概念的影响。

1. 网络对于传统法律概念的冲击

(1) 涉人概念。涉人概念研究的是法律主体的问题，即哪些主体具有法律关系主体的资格以及各种法律主体在法律关系中的权利和义务关系问题。伴随网络的发展变化，无论是法律主体还是法律关系中的权利和义务关系都在不断发生变化，网络的发展继续甚至加剧了这种变化。首先，产生了许多新的法律主体。例如，产生了网络接入服务供应商(Internet Access Provider，IAP)、网络内容供应商(Internet Content Provider，ICP)和网络服务供应商(Internet Service Provider，ISP)等从事网络经营活动的机构。其次，形成了新的法律关系并产生了权利义务关系的变化。新的法律主体必然形成新的法律关系，如国家相关主管部门与网络服务供应商及网络用户之间的权利义务关系就是原有的法律未予调整的社会关系；以网络经营者从事网络经营活动中涉及的权利义务问题为例，网络经营者是否有权对其经营管理的网络信息进行检测，检测如何进行，如何在国家秘密、商业秘密、个人隐私之间进行协调，网络经营者的检测限度和应承担的义务和责任等都是亟待我们进一步深思和解决的问题。

(2) 涉事概念。涉事概念主要包括两种类型：一是法律行为，二是事实行为。所谓法律行为，是指意思表示行为。按照萨维尼的观点，行为人创设其意欲的法律关系而从事的意思表示行为称为法律行为。法律对意思表示的方式、内容、效力做了规定，只有符合法律规定的意思表示才具有法律效力。网络对许多传统法律行为概念的内涵和外延造成了巨大影响，导致网络空间的法律行为虽然与现实空间的法律行为在本质上都是一种意思表示，但仍具备一定特殊性。例如，电子合同中涉及的诸如"签字""书面""原件"这些概念，在网络条件下必须予以重新界定。与此同时，不仅电子合同在形式上的效力及相关认证制度需要法律的细致化的规定，而且网络中电子化的意思表示如何达到合同法的要求，也需要法律提供一个可以遵循的明确标准。所谓事实行为，是指不以意思表示为目的但是能产生特定法律后果的行为。以复制的概念为例，按照传统的观点，复制是指针对原件、原物制作副本，并固定在一定的介质上的行为。而在网络世界中，这种严格的界定方式会给网络的发展带来很多问题。因此，网络技术的发展对一些事实行为概念的内涵和外延也造成了一定程度的影响。

(3) 涉物概念。涉物概念是指有关物品及其质量、数量和时间、空间等无人格的概念。网络的产生和发展对涉物概念产生影响，使传统法律治理面临困境。随着网络行业的飞速发展，尤其是随着网络行业发展过程中衍生的各种增值服务所产生的诸如虚拟物品、虚拟货币等的迅猛发展和多样化，虚拟财产这个概念逐渐走入大众视野。各种网络虚拟社区以及网络游戏中的账号(ID)、装备、道具以及虚拟社区内的房屋、宠物等，以及一些网络运营商开发的具有在本网站系统内拥有支付功能的虚拟货币，如腾讯 Q 币、网易一卡通等逐渐被公众所熟知。

与此同时，近年来游戏账号、虚拟货币被抢劫、盗窃、诈骗而引发的侵犯网络虚拟财产的纠纷也日益增多，法院在审理案件时常常面临无法可依的窘境。究其原因，一方面是网络游戏公司、运营商、服务商之间的法律责任范围不明确；另一方面则是对虚拟财产的法律属性及其权属界定不明确，如何切实有效地保障虚拟财产权益已经成为一个重要的法律问题。

以在我国引发争议的恶意(流氓)软件为例。中国互联网协会将"恶意软件"定义为在未明确提示用户或未经用户许可的情况下，在用户计算机或其他终端上安装运行侵害用户合法权益的软件，但不包含我国法律法规规定的计算机病毒。目前，恶意(流氓)软件和病毒的界限已经越来越模糊，以商业公司"恶意推广"为代表的新型恶意(流氓)软件造成的受害人数甚至超过了病毒受害者，国内 90%以上的网民受到过恶意软件的困扰。恶意软件的概念和法律地位的模糊，导致了恶意(流氓)软件泛滥而执法部门却无法监管的尴尬局面。

2. 网络社会引发的法律问题

网络对传统法律概念的影响，导致权利和义务不能按照原有的利益调整机制公平地分配，继而产生了一些新的社会问题。简而言之，网络社会存在的法律问题可以概括为以下几类：

(1) 网络安全问题。网络安全是全世界最为关心的法律问题之一，对网上侵犯名誉权、隐私权问题，在网上散布黄色信息、涉及重大利益的不实信息和泄露国家秘密的行为加以控制成为许多国家最为迫切的任务。广义上的网络安全问题包括系统安全、运行安全、数据安全以及信息内容安全。

(2) 信息网络经营问题。网络经营是指盈利性使用网络为网络用户提供服务的活动。涉及网络经营者的法律问题主要有市场准入问题、网络经营者的权利义务问题等。

(3) 电子商务的法律问题。电子商务是促进全世界经济增长不可或缺的重要力量。解决如销售人的经营资格、网上经营监管、网络交易中的合同制度、消费者权益保护、税收以及网络广告等相关法律问题具有重要的现实意义，也是突破当前电子商务发展瓶颈的关键。

(4) 网络知识产权问题。传统的知识产权制度中的各种保护形式是工业时代人们为了调整各自领域独特的法律关系而独立发展起来的。网络时代的到来，使现有法律要么出现保护的重叠，要么出现保护的空缺，其影响突出地表现为无法明确划分信息的专有与公有之间的界限。其中，较为棘手的主要是网上著作权保护问题。同时，如域名、网页上出现的各式各样的图像、声音、网站和网页内的商标等涉及的专利权、商标权等知识产权问题也亟待解决。除此之外，网络产生的程序法律问题也不容忽视。传统的司法管辖理论是以地域、当事人的国籍和当事人的意志为基础的；网络空间的全球性的内在特性，使以往适用于物理空间的法律管辖制度失灵，诉讼管辖因此成为困扰立法者的一个难题。此外，网络对法律制度的冲击还表现在证据资格、证据力及其审查判断等方面。

因此，为合理分配新的利益，适应社会和科技发展的需要，作为国家权威利益分配机制的法律需要及时做出回应，在原有的法律框架上做出调整和修改。

(二) 我国网络立法的进程

根据我国互联网发展的阶段性特征，我国网络立法经历了三个阶段。

1. 初创阶段(1994 年到 1998 年)

我国网络立法的初创阶段为 1994 年中国接入互联网至 1998 年组建信息产业部。20 世纪 90 年代中期，我国互联网开始向全社会全面开放，政府支持形成的宽松环境使互联网迅猛发展。1994 年 2 月 18 日，国务院发布 147 号令《中华人民共和国计算机信息系统安全保护条例》(以下简称《计算机信息系统安全保护条例》)，这是我国最早的互联网法律文件。这一法规对计算机信息系统的安全保护工作重点、主管部门、监督职权、安全保护制度、法律责任等都进行了逐一规定，立法重点在于信息安全保护。这一时期主要的网络法律除了《计算机信息系统安全保护条例》之外，典型的还有《中华人民共和国计算机信息网络国际联网管理暂行规定》(以下简称《计算机信息网络国际联网管理暂行规定》)(1996 年 2 月 1 日国务院发布)《计算机信息网络国际联网安全保护管理办法》(1997 年 12 月 30 日公安部发布)和《中华人民共和国计算机信息网络国际联网管理暂行规定实施办法》(1998 年 3 月 6 日国务院信息办发布)等数部行政法规、规章。该时期的其他网络法律还涉及网站备案登记、计算机信息系统保密管理、网络传播等。

1994 年，我国刚刚实现互联网的全功能对接，互联网处于起步阶段，相关的网络法律规定较少，立法内容较笼统。但是，《计算机信息网络国际联网安全保护管理办法》等相关法律，对网络内容管理提出了更加具体的、可操作的要求。总而言之，这一时期的网络立法主要从计算机信息系统安全角度进行法律规制，虽然多以"通知""暂行办法""暂行规定"的形式出现，并不成熟，但初步构建了我国互联网管理的基本框架，确立了内容管理的原则。

2. 发展阶段(1999 年到 2015 年)

1999 年到 2004 年，我国网络立法由初创阶段的摸索稳步发展。1999 年年底，我国网民增长率较之半年前的统计数上升 123%，形成网民增长史上一个无与伦比的高峰。此外，2000 年之后，互联网还逐渐步入商用领域和市场化运作。网络增长带来的网络问题日渐凸现，各部门开始意识到加强网络管理与网络立法的迫切，纷纷出台了相关法律文件。被称为"网络立法年"的 2000 年最为典型。该年国家出台了一系列法律法规和规章，其中包括我国网络管理体系中具有最高效力的法律文件——《全国人民代表大会常务委员会关于维护互联网安全的决定》(2000 年 12 月 28 日第九届全国人民代表大会常务委员会第十九次会议通过)《中华人民共和国电信条例》(2000 年 9 月 25 日国务院出台)《互联网信息服务管理办法》(2000 年 9 月 25 日国务院出台)《互联网站从事登载新闻业务管理暂行规定》(2000 年 10 月 8 日国务院新闻办与信息产业部出台)《互联网电子公告服务管理规定》(2000 年 10 月 8 日信息产业部出台)。该时期的其他网络法律涉及网站备案登记、域名管理、网吧管理等方面。该时期的网络法律，一方面是对初创阶段网络法律的完善，另一方面是对新认识的网络立法上的真空领域进行填补，包括对网络服务商的责任提出了具体的要求，对网络信息源进行了严格的控制，正式确立了"信息网络传播权"等。网络立法的部门也从过去的公安部、信息产业部等少数部门增加至文化部、教育部、国家工商总局、中国证券监督委员会等部门。

3. 成熟阶段(2016 年以后)

2016 年，以《中华人民共和国网络安全法》(以下简称《网络安全法》)的出台为标志，我国的网络立法体系日臻完善，逐步走向健全。该法是网络安全领域的基本法，系统地规定了我国的网络安全法律制度框架、基本制度和基本原则。在网络安全领域，国家又相继出台了《中华人民共和国数据安全法》(以下简称《数据安全法》)和《中华人民共和国个人信息保护法》(以下简称《个人信息保护法》)，这两部法律同《网络安全法》共同构成了我国网络法治领域的三大基石，体现了我国网络法治建设根据不断发展的形势、日新月异的时代课题，在立法层面上保障网络健康发展的与时俱进的实践品格。在电子商务领域，我国制定了《中华人民共和国电子商务法》，该法于2019年1月1日起施行。该法规范了电子商务经营者的行为，保障了电子商务消费者的权益，为电子商务的健康、有序、可持续发展提供了法律保障。2022年我国出台了《中华人民共和国反电信网络诈骗法》，为打击电信网络诈骗、有效保护人民群众的财产安全提供了有效的法律武器。这一阶段我国网络法律体系的发展扭转了一直以来立法不足、过于分散的问题，逐步形成了以法律为核心、其他配套性规定协同共进的格局；在立法内容上，这一时期的网络立法不断完善网络治理机制，也补充了网络安全立法领域的诸多空白。

二、网络安全法

(一) 网络安全法的定义与特征

网络安全法是调整公民、法人或其他组织在网络活动中发生的各种与安全有关的社会关系的法律规范的总称，是网络法的一个组成部分。

总体来说，网络安全法具有以下特征：

(1) 网络安全法具有综合性。网络安全法是因信息技术的普遍应用引发的网络安全问题而诞生的法律规范，网络安全问题广泛存在于私人生活、企业经营甚至国家权力运行的过程之中，涉及个人权利、商业秩序、公共利益等多个层面的价值保护。因此，网络安全法不同于特定部门法仅调整一个类型的法律关系，它需要调整多重法律关系，包含了民商事、行政、刑事、经济法、社会法等多个部门的法律规范。

(2) 网络安全法往往以一定的技术标准为基础。网络安全法是立足信息技术而构建的法律规范。计算机网络是网络安全法律关系主体进行活动的技术平台，网络的特征决定了网络安全立法必须适应网络的特点，遵循网络规律。在我国网络安全领域，除了网络安全法律规范之外还存在着以国家标准和行业标准为主体的网络安全技术标准。网络安全技术标准大致可以分为三类。第一类标准是对网络安全提出基本要求和程序性规范，形成系统的网络安全保护基本框架的标准。例如，我国在网络安全等级保护方面发布的《信息安全技术 网络安全等级保护实施指南》(GB/T2508—2019)《信息安全技术 网络安全等级保护定级指南》(GB/T22240—2020)等标准，以及风险评估、应急响应方面发布的《信息安全技术 信息安全风险评估实施指南》(GB/T31509—2015)《信息安全技术 网络安全事件应急演练指南》(GB/T38645—2020)等都属于这一类标准。第二类标准是对金融、政务、电子商务等行业领域进行规范的标准。例如，《信息安全技术 基于互联网电子政务信息安全实施指南 第1部分：总则》(GB/Z 24294.1—2018)《信息安全技术 金融信息服务安全规范》(GB/T36618—2018)《信息安全技术 智慧城市安全体系框架》(GB/T37971—2019)等属于第二类标准。第三类标准是对大数据、人工智能、云计算等新兴技术领域进行规范的标准。例如,《信息安全技术　大数据安全管理指南》(GB/T37973—2019)《信息安全技术　远程人脸识别系统技术要求》(GB/T38671—2020)《信息安全技术　云计算服务运行监管框架》(GB/T37972—2019)等都属于第三类标准。除了国家标准,由公安部、工业和信息化部等行业主管部门组织制定、发布的规范网络安全行业的行业标准也起到重要的规范作用。网络安全领域的行业标准涉及通信、密码、交通、医疗等诸多领域,如《金融网络安全　网络安全众测实施指南》(JR/T0214—2021)《医用电气设备网络安全基本要求》(YY/T1843—2022)等。

(3) 网络安全法具有开放性。从发展的角度看,网络安全法是建立在不断向前发展的信息技术的基础之上的。由于其所依赖的技术基础处于迅速的更新之中,因此,必须以开放的态度对待新技术与信息媒介,设立具有开放性、包容性的规范,让所有有利于网络安全发展的设想和技术都能够容纳进来。世界各国在信息安全立法中大量使用开放性条款和功能等价性条款,其目的就是为了开拓社会各方面的资源,以促进科学技术及其社会应用的广泛发展。

(4) 网络安全法具有国际性。一方面,由于信息技术的应用和信息的传播是不受国界限制的,所以网络安全的治理问题也呈现出较强的国际性,网络安全治理需要建立在国际合作的基础之上。另一方面,网络安全法中有相当一部分内容是建立在国际通用的技术规范和技术标准基础之上的。同时,联合国、欧盟等国际组织纷纷出台网络安全法规,制定具有一定普遍适用性的标准和规范,引导成员统一网络安全法规。这些因素共同决定了网络安全法的国际性特征。

(二) 网络安全法的调整对象

网络安全法的调整对象是其维护网络安全过程中所产生的社会关系。由于网络安全法的综合性,网络安全法的调整对象的范围呈现出一定的广泛性和复杂性。

具体而言,根据所调整的社会关系的类别,网络安全法的调整对象可以细化为以下几个类型的法律关系。

1. 以所处领域为标准对网络安全法的调整对象的划分

在物理世界,网络安全法的调整对象是在维护信息基础设施的安全过程中产生的社会关系,主要划分为以下几类:

(1) 确保物理介质安全过程中产生的社会关系,即对存储和传输信息的物理介质提供法律保护的过程中产生的社会关系,如在维护计算机系统、网络服务器、网络数据交换器、备份线路、打印机等硬件实体和通信链路(如光纤、光缆)并使其免受自然灾害、人为破坏和搭线攻击过程中产生的社会关系。

(2) 确保网络用户安全利用网络过程中产生的社会关系,如在防止链路被非法监听、验证用户的身份和使用权限、防止用户越权操作过程中产生的社会关系。

(3) 为建立完善的安全管理制度而产生的社会关系。例如:防止非法进入计算机控制室和各种偷窃、破坏活动发生过程中产生的社会关系;对互联网接入单位实行审查制度,对国家重要部门和涉及国民经济命脉的企事业单位的内网与外网连接过程和检测过程中实施安全监控产生的社会关系等。

在虚拟世界，网络安全法的调整对象主要划分为以下几类：

(1) 因维护信息收集、生成过程中的安全而产生的社会关系。例如，政府部门在政务公开过程中，所承担的保证信息内容的完整性和准确性的义务；再如，网络服务商在为客户提供商业信息服务时基于其与信息提供者之间的有关维护用户信息资料安全的协议所形成的社会关系。

(2) 因维护信息传递过程中的安全而产生的社会关系。例如，网络服务商为防范信息在传递过程中被监听、破译以及防范收件人的私钥被获取而承担的采取加密措施、检验措施的权利和义务等；政府部门为了确保信息在内网或专网传递过程中的安全与内网用户之间形成的社会关系；政府部门为预防外界对于内网信息实施窃取、更改或删除等破坏行为而与外网用户形成的社会关系等。

(3) 因维护信息控制过程中的安全而产生的社会关系。例如，BBS 经营者为了禁止违法信息的发布和传播而对用户发言进行审查的过程中形成的与用户之间的法律关系；政府部门为国家统计需要利用网络个人信息过程中与个人之间的权利义务关系等；一国政府基于国际公约、双边协议与他国之间就有关信息进行检索、收集、加工、删改、编辑等问题所形成的权利义务关系等。

(4) 因维护信息利用过程中的安全而产生的社会关系。例如，网络服务提供商与客户基于软件服务合同而形成的法律关系，具体如网络服务商对于用户资料数据进行保密的义务、进行挖掘和使用的条件以及用户根据所获取的信息进行分析、生成表格或者图形时确保分析结果不能违背获取软件进入数据库时承诺的义务等；网络终端用户对于网络服务提供商提供的信息进行下载、复制的条件及权利义务等；政府对于网络信息进行利用的条件和程序等。

2. 以主体的法律地位为标准对网络安全法的调整对象的划分

(1) 平等主体间的社会关系。这一社会关系是指自然人、法人、非法人组织等主体在维护网络安全过程中产生的社会关系。例如，BBS 经营者与其注册用户为维护所发布信息的安全而产生的社会关系；网络服务商与个人终端用户之间为维护网络信息安全而产生的权利义务关系；从事民事活动时的政府部门与网络工程建设单位为维护信息安全而产生的社会关系等。

(2) 非平等主体之间的社会关系。该社会关系是指处于不平等地位的主体为维护网络信息安全而产生的社会关系。例如，政府部门为维护互联网接入安全而与接入单位之间产生的社会关系；政府部门利用个人网上资料时为维护其安全与网络服务商、个人之间产生的管理关系；上、下级政府部门之间为确保信息在内网的安全传播而产生的管理关系等。

3. 以不同信息拥有主体为标准对网络安全法的调整对象的划分

(1) 为维护网络公共信息安全而产生的社会关系。该社会关系主要是为维护公众所拥有的信息安全而产生的社会关系。例如，公共信息部门在采集、加工、传播公共信息过程中为维护其安全而产生的社会关系；公众在查阅、检索、利用公共信息过程中为维护其安全而产生的社会关系等。

(2) 为维护政府信息安全而产生的社会关系。政府信息主要指政府部门为履行其职责而收集、获取、保存、传播、发布的信息。它包括政府部门的机构设置、工作职能、工作计划及如何实现、财政预算、资金利用情况、将要召开哪些会议、该机构拥有哪些信息、机构服务内容的使用方法、公众应遵守的网络信息规则等。这些信息既有公开信息，又有保密信息。为维护这两种不同性质的政府信息安全会产生不同的社会关系。① 为维护政府公开信息的安全而产生的社会关系，这种社会关系主要是在维护政府部门公开信息的完整、真实、可用时产生的社会关系；为维护政府公众服务信息中个人数据的安全而产生的社会关系，在提供公众信息服务时，政府在不可避免使用个人信息时，应当确保其真实性、完整性，同时不侵犯个人隐私。② 为维护政府保密信息的安全而产生的社会关系，如为维护在内网、专网传输且尚未公开的统计数据的安全而产生的社会关系；为维护国家安全部门、保密机构数据库的安全产生的社会关系等。

(3) 为维护网络商业信息安全而产生的社会关系。网络商业信息指与生产、经营活动有关的，以营利为目的的信息，包括公开的商业信息和商业秘密。在维护不同的网络商业信息安全过程中会产生不同的社会关系。① 维护可公开的网络商业信息的安全而产生的社会关系：商家对所获取的信息进行加工处理、存储、传播过程中为确保信息安全而产生的社会关系。例如，经营者为确保其在网上发布的广告、商业交换方式的信息，向消费者传递的有关商品的性能、质量、价格、售后服务及企业形象等信息的真实、完整、可用而产生的社会关系。② 维护网络商业秘密的行为引发的社会关系。例如，政府执行监督检查职能时，对企业提供的商业秘密，为维持其秘密状态而产生的社会关系。

(4) 为维护网络个人信息安全而产生的社会关系。个人信息主要包括个人资料(姓名、性别、年龄、出生日期、身份证号码、电话、通信地址、住宅、电子邮件地址等)和个人背景(职业、教育程度、收入状况、婚姻家庭状况)。维护网络个人信息安全而产生的社会关系主要指维护个人信息不被非法侵犯、知悉、收集、复制、利用、公开和不正当的流通，防止个人数据挖掘、个人信息的遗失、损坏、删改而产生的社会关系。

三、我国网络安全法的法源

法源，又称法的渊源，是指法律规范的表现形式，亦即各法律部门法律规范的来源、出处。所谓网络安全法的法源，是指网络安全法律规范的表现形式。

由于网络安全法调整对象的广泛性和复杂性，网络安全法律关系必定难以用一部专门法律规范予以规制，网络安全法律规范除了表现为专门立法之外，还分散在多部不同法律规范之中。

(一) 宪法

我国《宪法》规定，宪法是"国家的根本法，具有最高的法律效力""一切法律、行政法规和地方性法规都不得同宪法相抵触。一切国家机关和武装力量、各政党和各社会团体、各企业事业组织都必须遵守宪法和法律。一切违反宪法和法律的行为，必须予以追究。任何组织或者个人都不得有超越宪法和法律的特权"。由此可见，宪法是我国最高位阶的法源。

《宪法》作为网络安全法的法源，其包含的网络安全法规范主要有：

(1) 关于公民基本权利和义务的规范。例如，关于公民通信自由和通信秘密权，批评权，建议权，申诉权，财产权，获得赔偿、补偿权，言论、出版、集会、结社、游行、示威自由权，非经法定程序不受逮捕、拘留权，劳动权，受教育权，社会保障权以及服兵役的义务，纳税的义务，遵守法律、公共秩序、尊重社会公德的义务的规范。

(2) 关于保护外国人合法权益和关于外国人义务的规范。

(3) 关于国家行政机关组织、基本工作制度、职权及活动原则的规范。例如，关于国务院的组织、基本工作制度和职权的规范；关于国务院各部委和审计机关的基本职权规范；关于地方各级人民政府的组织、基本工作制度和基本职权的规范；关于民族自治地方人民政府的组织、基本工作制度和基本职权的规范等；关于依法治国、建设法治国家的原则、人民参与国家管理的原则、保障人权和保障公民权利自由的原则、法制统一的原则、工作责任制原则、民族平等原则。

(4) 关于国家发展教育、科学、医疗卫生、体育、文学艺术、新闻广播、出版发行等事业方针政策的规范；关于发挥知识分子作用、建设社会主义精神文明、推行计划生育、保护环境、防止污染和其他公害的规范；关于加强国防、保卫国家安全和维护社会秩序的规范等。

(二) 法律

作为网络安全法法源的法律是指全国人大及其常委会制定的法律及决定。规范网络安全活动的法律及决定由专门法与非专门法两部分组成。所谓网络安全专门法，是指专门规范网络安全活动的法律，如《网络安全法》《个人信息保护法》《数据安全法》《全国人民代表大会常务委员会关于维护互联网安全的决定》《全国人民代表大会常务委员会关于加强网络信息保护的决定》等法律规范。所谓网络安全非专门法，是指除了规范网络安全问题之外，还规范其他法律问题，网络安全问题是整部法律规范的组成部分而非全部的法律，如《中华人民共和国刑法》《中华人民共和国保守国家秘密法》《中华人民共和国国家安全法》《中华人民共和国警察法》《中华人民共和国突发事件应对法》《中华人民共和国治安管理处罚法》《中华人民共和国电子签名法》《中华人民共和国著作权法》(以下简称《著作权法》)《中华人民共和国证券法》《中华人民共和国消费者权益保护法》(以下简称《消费者权益保护法》)等。以《刑法》为例，作为网络安全法法源的刑法规范主要是刑法中以信息网络为对象的犯罪和以信息网络为工具的犯罪。

(三) 行政法规

作为网络安全法法源的行政法规是指国务院制定的规范网络安全活动的行政法规。目前，国务院制定的网络安全法规主要有《关键信息基础设施保护条例》《未成年人网络安全保护条例》《计算机软件保护条例》《中华人民共和国电信条例》(以下简称《电信条例》)《互联网信息服务管理办法》《通信网络安全防护管理办法》《计算机信息系统安全保护条例》《信息网络传播权保护条例》《计算机信息网络国际联网管理暂行规定》等。

(四) 规章

作为网络安全法法源的规章包括部门规章和地方政府规章两类，其制定主体分别为国务院各部、各委员会、中国人民银行、审计署和具有行政管理职能的直属机构以及省、自治区、直辖市和设区的市、自治州的人民政府。

目前关于网络安全的部门规章主要有公安部制定的《计算机病毒防治管理办法》《计算机信息网络国际联网安全保护管理办法》《互联网安全保护技术措施规定》等；国家保密局制定的《计算机信息系统保密管理暂行规定》《对外经济合作提供资料管理暂行规定》《计算机信息系统国际联网保密管理规定》；国家保密局联合国务院新闻、科技管理部门共同制定的《科学技术保密规定》《涉及国家秘密的通信、办公自动化和计算机信息系统审批暂行办法》《新闻出版保密规定》；信息产业部制定的《互联网出版管理暂行规定》《互联网电子公告服务管理规定》《互联网 IP 地址备案管理办法》；教育部制定的《教育网站和网校暂行管理办法》等。关于网络安全的地方政府规章数量较多，如《浙江省信息安全等级保护管理办法》《广东省电子政务信息安全管理暂行办法》等，这里不再一一列举。

(五) 地方性法规

在我国，一些地方人大也在积极进行网络安全保护的探索。例如，四川省《计算机信息系统安全保护管理办法》明确了计算机信息系统安全保护工作的重点是维护国家事务、经济建设、国防建设、尖端科学技术等重要领域的计算机信息系统的安全。其第四条规定："计算机信息系统的安全保护，应当保障计算机及其配套的和相关的设备、设施(含网络)和运行环境的安全，以及计算机信息的安全，确保计算机功能的正常发挥，维护计算机信息系统的安全运行。"广东省《计算机信息系统安全保护条例》明确提出了相关安全保护制度和技术措施的建设问题。其第十八条规定："第二级以上计算机信息系统的运营、使用单位应当建立并执行下列管理制度：(一) 计算机房安全管理制度；(二) 安全责任制度；(三) 网络安全漏洞检测和系统升级制度；(四) 系统安全风险管理和应急处置制度；(五) 操作权限管理制度；(六) 用户登记制度；(七) 重要设备、介质管理制度；(八) 信息发布审查、登记、保存、清除和备份制度；(九) 信息群发服务管理制度。"其第十九条规定："第二级以上计算机信息系统的运营、使用单位应当采取下列安全保护技术措施：(一) 系统重要部分的冗余或者备份措施；(二) 计算机病毒防治措施；(三) 网络攻击防范和追踪措施；(四) 安全审计和预警措施；(五) 系统运行和用户使用日志记录保存六十日以上措施；(六) 记录用户账号、主叫电话号码和网络地址的措施；(七) 身份登记和识别确认措施；(八) 垃圾信息、有害信息防治措施；(九) 信息群发限制措施。"

(六) 司法解释

作为网络安全法法源的司法解释包括最高人民法院对审判工作中以及最高人民检察院对检察工作中涉及的网络安全的法律、法令具体应用问题的解释，如《最高人民法院关于审理扰乱电信市场管理秩序案件具体应用法律问题的解释》《最高人民法院关于审理涉及计算机网络著作权纠纷案件适用法律若干问题的解释》《最高人民法院关于审理为境外窃取、刺探、收买、非法提供国家秘密或情报案件具体应用法律若干问题的解释》《最高人民法院、最高人民检察院关于办理妨害信用卡管理刑事案件具体应用法律若干问题的解释》《最高人民法院、最高人民检察院关于办理危害计算机信息系统安全刑事案件应用法律若干问题的解释》等。

(七) 其他规范性文件

作为网络安全法法源的其他规范性文件是指行政机关及被授权组织在网络安全领域为实施法律和执行政策,在法定权限内制定的除行政法规或规章以外的决定、命令等具有普遍约束力的行为规则。例如,国家烟草专卖局保密委员会制定的《烟草行业计算机信息网络安全保护规定》《烟草行业计算机信息系统保密管理暂行规定》;国家密码管理局制定的《商用密码科研管理规定》《商用密码产品生产管理规定》《商用密码产品销售管理规定》《境外组织和个人在华使用密码产品管理办法》等。

(八) 国际条约层面

基于种种原因,目前我国尚未参加诸如《网络犯罪公约》之类的网络安全公约,但一直在积极推动维护网络安全的新国际规范的制定。这突出表现在上海合作组织成员国发出的《关于国际信息安全的声明》。它反映了国际上共同应对信息安全领域挑战的努力。

阅读材料

关于国际信息安全的声明

上海合作组织(以下简称"本组织"或"组织")成员国——哈萨克斯坦共和国、中华人民共和国、吉尔吉斯共和国、俄罗斯联邦、塔吉克斯坦共和国和乌兹别克斯坦共和国元首2006年6月15日在上海举行会议,声明如下:

信息通信新技术的迅速发展和普遍应用是当今时代一个最重要的特点。信息通信技术贯穿人类活动的所有领域,形成全球信息系统,直接影响国家安全的各个方面,包括政治、经济、国防、社会文化等,以及整个国际安全与稳定体系。信息系统正成为激发社会活力的重要因素,而信息则是国家最宝贵的财富,是最重要的政治、经济资源。

元首们认为,信息通信技术为拓展人类发展空间和更充分地实现其权利和自由创造了巨大潜力,为保障社会和国家的有效运转,为建立促进可持续发展、安全和繁荣的全球伙伴关系提供了更多可能和手段。

同时,元首们对出现将信息通信技术用于以下目的的现实威胁表示担忧,即破坏平等和相互尊重、不干涉主权国家内政,和平解决争端、不使用武力、尊重人权等基本原则,从而严重损害个人、社会和国家安全。此外,无论在民用或军事领域,均有可能出现将信息通信技术用于与维护国际安全相悖的犯罪、恐怖和军事政治目的的威胁,给某些国家和地区,乃至全世界带来严重的政治、社会经济后果,并引发各国社会不稳定。

元首们指出,各国在本国内为加强信息安全做了有益工作。同时认为,包括恐怖分子在内的犯罪分子及其团伙和组织,甚至某些国家,为达到其军事政治目的而将信息通信技术用于破坏性目的,由此造成的消极后果波及面十分广泛,不仅会影响到其他国家,有时甚至产生全球影响。将信息通信技术用于上述目的,可能造成与使用大规模杀伤性武器相当的世界性灾难。

元首们强调，信息通信技术不应只是信息世界的载体，更应为多种文化和文明互相接近和相互融合服务。在此过程中，应尊重包括本组织成员国在内的各国人民的宗教信仰和传统。

元首们强调，信息通信技术和当代威胁与挑战具有跨国性质，必须通过双边、地区和国际层面的合作，加大各国保障信息安全的力度。只有各国采取协调一致和互补措施，才能有效应对当代信息安全的挑战与威胁。

鉴此，元首们支持联合国所做的相关工作，即分析信息安全领域现存和潜在的威胁，以及为消除这些威胁而共同采取的措施，研究旨在加强全球信息和通信系统安全的相关国际构想，并认为继续这一工作十分重要。

元首们欢迎第60届联合国大会2005年12月8日通过的第60／45号决议《从国际安全的角度来看信息和电信领域的发展》，愿推动实施决议中包含的各项建议。

元首们声明，各成员国在国际信息安全的关键问题上立场相近，愿在本组织框架内共同努力，应对新的信息挑战和威胁，在此过程中，将遵循国际法，包括《联合国宪章》和《世界人权宣言》的准则和原则。鉴此，元首们决定建立本组织成员国国际信息安全专家组，吸收本组织秘书处、本组织地区反恐怖机构执委会代表参加，以制定国际信息安全行动计划，明确在本组织框架内全面解决国际信息安全问题的各种途径和方法。

2011年，中国、俄罗斯、塔吉克斯坦和乌兹别克斯坦向联合国第66届会议联合提交了"信息安全国际行为准则"，后来吉尔吉斯斯坦和哈萨克斯坦加入，成为共同提案国。此准则作为大会文件(A/66/359)分发。国际社会予以高度重视，反响热烈。2015年1月，6国修改了准则，以充分估计所有方面的意见和建议。这是目前国际上就信息和网络安全国际规则提出的首份较系统的文件。

阅读材料

信息安全国际行为准则

所有自愿遵守该准则的国家承诺：

(一) 遵守《联合国宪章》和公认的国际关系基本准则，包括尊重各国主权，领土完整和政治独立，尊重人权和基本自由，尊重各国历史、文化、社会制度的多样性等。

(二) 不利用信息通信技术包括网络实施敌对行动、侵略行径和制造对国际和平与安全的威胁。不扩散信息武器及相关技术。

(三) 合作打击利用信息通信技术包括网络从事犯罪和恐怖活动，或传播宣扬恐怖主义、分裂主义、极端主义的信息，或其他破坏他国政治、经济和社会稳定以及精神文化环境信息的行为。

(四) 努力确保信息技术产品和服务供应链的安全，防止他国利用自身资源、关键设施、核心技术及其他优势，削弱接受上述行为准则国家对信息技术的自主控制权，或威胁其政治、经济和社会安全。

(五) 重申各国有责任和权利保护本国信息空间及关键信息基础设施免受威胁、干扰和攻击破坏。

（六）充分尊重信息空间的权利和自由，包括在遵守各国法律法规的前提下寻找、获得、传播信息的权利和自由。

（七）推动建立多边、透明和民主的互联网国际管理机制，确保资源的公平分配，方便所有人的接入，并确保互联网的稳定安全运行。

（八）引导社会各方面理解他们在信息安全方面的作用和责任，包括本国信息通信私营部门，促进创建信息安全文化及保护关键信息基础设施的努力。

（九）帮助发展中国家提升信息安全能力建设水平，弥合数字鸿沟。

（十）加强双边、区域和国际合作。推动联合国在促进制定信息安全国际规则、和平解决相关争端、促进各国合作等方面发挥重要作用。加强相关国际组织之间的协调。

（十一）在涉及上述准则的活动时产生的任何争端，都以和平方式解决，不得使用武力或以武力相威胁。

此外，我国参加了《联合国打击跨国有组织犯罪公约》。该公约第二十九条规定："各缔约国均应在必要时为其执法人员，包括检察官，进行调查的法官和海关人员及其他负责预防、侦察和控制本公约所涵盖的犯罪的人员开展、拟订或改进具体的培训方案。"其中就包括特别针对"打击借助于计算机、电信网络或其他形式现代技术所实施的跨国有组织犯罪的方法"进行培训和技术援助。

四、网络安全法在法律体系中的地位

网络安全法是调整与网络安全有关的活动的法律规范的总称，由于其调整对象既包括私人网络安全问题，也包括国家网络安全问题；既包括民商事法律规范，也包括行政法律规范、刑事法律规范，因此网络安全法不能完全归入某一部门法之中。其在整个法律体系中的地位也具有一定的特殊性。

（一）网络安全法体系由一般法与特别法共同构成

所谓一般法，是指在时间、空间、对象以及立法事项上作出一般性规定的法律规范。所谓特别法，则是适用于特定时间、特定空间、特定主体或对象、特定事项的法律规范。在网络安全法体系中，既有《刑法》《中华人民共和国民法典》(以下简称《民法典》)《消费者权益保护法》等一般法律规范，也有专门适用于网络安全领域的《网络安全法》《数据安全法》《个人信息保护法》等特别法。

（二）网络安全法横跨公法和私法两个领域

网络安全法既调整私人网络安全，也调整国家网络安全；既调整私人关系，也涉及政府的行政管理和国家对于相应刑事犯罪的追诉。因此，网络安全法既包括了调整私人关系的《民法典》《著作权法》《消费者权益保护法》，也包括了调整行政法律关系的《互联网信息服务管理办法》《计算机病毒防治管理办法》以及调整刑事法律关系的《刑法》及相关司法解释等。同时，网络安全法中既包含了调整诸如网络服务提供者与网络用户之间民事关系的法律规范，也包括了调整相关行政管理部门与网络运营者、网络服务提供者等法律关系的行政法律规范。因此，网络安全法横跨公私法两个领域，网络安全法律规范具有多层次性。

【案例讨论】

2020 年 7 月，谷女士到余杭某小区快递点取快递时，被附近便利店店主郎某偷拍了视频。郎某随后与朋友何某开玩笑，编造"女子出轨快递小哥"等聊天内容，发至微信群。随后谣言通过不断转发，在互联网发酵。谷女士人格受到严重损害，还为此丢了工作，找新工作被拒，并患上抑郁症，于是向警方报警。

2020 年 8 月 13 日，杭州市公安局余杭区分局发布警情通报，依据相关法律规定，公安机关对郎某和何某二人分别作出行政拘留 9 日的处罚。10 月 26 日，谷女士向杭州市余杭区法院提起刑事自诉，余杭区法院于 12 月 14 日决定立案，并依法要求杭州市公安局余杭区分局提供协助。

检察机关认为，在此期间，郎某与何某发布的相关视频材料进一步在网络上传播、发酵，案件情势发生了变化，郎某、何某的行为不仅损害了被害人的人格权，而且经网络社会这个特定社会领域和区域得以迅速传播，严重扰乱了网络社会公共秩序，给广大公众造成了不安全感，严重危害了社会秩序，依据刑法第 246 条第 2 款之规定，应当按公诉程序予以追诉。

2020 年 12 月 25 日，根据杭州市余杭区检察院建议，杭州市公安局余杭区分局对郎某、何某涉嫌诽谤案立案侦查。该案就此从自诉转入公诉程序。

请结合本案谈一谈应当如何有效治理网络谣言？

【课后思考】

1. 维护网络安全的法律机制与技术机制之间的关系如何？
2. 谈一谈你对我国当前网络安全立法的评价和改进建议。

第二章

网络安全法的基本原则

【本章重点】

1. 网络安全法的基本原则的功能。
2. 网络空间主权原则的概念及其适用。
3. 适度安全原则的概念及其适用。
4. 公共治理原则的适用。

第一节　概　　述

一、网络安全法的基本原则的含义

　　法律规范依其对社会关系调整的确定性程度和细密程度，可分为规则、原则、基本原则三类。规则对社会关系的调整最为确定，规范最为具体；原则对社会关系的调整弹性相对较大，规范较抽象；基本原则对社会关系的调整弹性更大些，规范更抽象。从调整范围来说，规则调整的范围较窄，只涉及某种具体的事务；原则调整的范围较广，可适用于较广范围的事务；基本原则调整的范围最广，可适用于一定领域的整个社会关系。从规范的对象来说，规则直接规范社会关系，而规则本身受原则规范，原则又受基本原则规范；基本原则首先通过原则，再通过规则规范社会关系。

　　法的基本原则是法的灵魂，但是基本原则不同于法的具体规则、原则，法的具体规则、原则是由成文法的具体条文加以确立和宣示的，而基本原则通常首先以一种观念、一种法理思想存在于各国立法者和国民的法律意识中，然后由国家的学者、法官加以概括、归纳，在其学术著作或法律裁判文书中予以表述和阐释。

　　网络安全法的基本原则是体现网络安全法根本价值的法律原则，构成了网络安全法体系的神经中枢。网络安全法的基本原则是指导和规范网络安全法的立法、执法活动，规范网络安全法律关系主体的行为以及相关争议处理的基础性规范。它贯穿于网络安全法的始终。

二、网络安全法的基本原则的性质和功能

　　第一，网络安全法的基本原则是一种"基础性规范"，是其他具体规则和原则赖以根

据的规范。网络安全法的具体规则和原则以网络安全法基本原则为指导，反映和体现网络安全法的基本原则，不能违反网络安全法基本原则或与之相抵触。

第二，网络安全法的基本原则是高度抽象并体现网络安全法的根本价值观念的规范。网络安全法的具体规范体现了网络安全法基本原则的精神。

第三，网络安全法的基本原则是一种"普遍性规范"，它对网络安全法律关系进行整体的宏观调整、规范。网络安全法的执法者在使用网络安全法具体规范调整特定法律关系时，必须受网络安全法基本原则的指导，必须将基本原则的精神与具体规范所确立的具体行为准则结合起来。

第四，网络安全法的基本原则不仅指导、调整整个网络安全执法和守法活动，而且指导和调整网络安全法的整个立法行为。国家权力机关制定网络安全法律，国家行政机关制定网络安全法规和规章时，都需受网络安全法基本原则的指导和约束，网络安全法律、网络安全法规和规章都要体现和贯彻网络安全法的基本原则。网络安全法的基本原则对立法的指导和调整是其在执法、守法过程中得以实现的保证。

第五，网络安全法的基本原则在特定的条件下可以起到补充作用，在一定的场合也可以直接规范与网络安全有关的活动以及相关争议的处理。一般来说，网络安全法的基本原则作为该法的精神体现，并不能直接调整和规范与网络安全有关的活动以及相关争议的处理。但是在某些情况下，相应问题缺少网络安全法具体规则的调整，或者法律给执法机关或争议处理机关留下较广泛的自由裁量空间时，与网络安全有关的活动以及相关争议的处理就要直接受网络安全法基本原则的拘束，即直接根据网络安全法基本原则作出相应行为和裁决。

三、网络安全法基本原则的确定

网络安全法不是一部独立的部门法，网络安全法规范相关领域的民事法律关系、行政法律关系和刑事法律关系，其内容具有综合性和复杂性；同时，网络安全的实现与信息技术的发展和应用密切相关，网络安全法需要处理好信息自由与网络安全之间的关系。因此，网络安全法基本原则的确定，一方面需要全面分析网络安全法律体系的综合性和复杂性，涵盖规范对象、内容均不相同的民事法律规范、行政法律规范和刑事法律规范等多个部门的法律规范；另一方面，网络安全法需要对新的信息技术具有一定的包容性，能够促进信息技术的发展，而非过度强调安全以致缩减信息技术的发展空间。因此，在全面考察网络安全法产生的历史背景以及网络安全法律规范的特殊性的基础之上，我们将以下四个基本原则确定为网络安全法的基本原则，即网络空间主权原则、适度安全原则、互联互通原则和公共治理原则。

第二节　网络空间主权原则

一、网络空间主权原则的概念

网络空间是由互联互通的设备和网络按照一定的规则和程序组成的、可供人们交流互动的虚拟空间。网络空间已经成为继陆地、海洋、天空、太空之后的"第五大空间"。网络空间是一个电子空间，没有三维属性；网络空间的物体只由代码构成，通过电脑虚拟呈现，因此网络空间是虚拟空间，理论上网络空间可以自由进入和开发。但是，并不能就此认定网络空间属于"全球公域"，不受任何主权国家的管制。

网络空间是受主权国家管辖的空间。第一，组成网络空间的物理设备设施是在各主权国家管辖之下的。网络空间是人造空间，非真正的物理空间，它是由大大小小的网络互联互通组成的。这些组成网络空间的局域网络分别属于私人、组织或政府所有。除了铺设在公海中的通信线缆外，组成网络的设备设施都以物理的方式存在于由国家主权控制的地理空间中，相关主权国家当然对其具有管辖权。第二，网络空间中的信息自由不是因为它是一个全球公域，而是因为各国免除或放松了信息出入境管制。但是网络空间不是完全的虚拟空间，而是现实世界的一部分，传统法律自然而然地延伸适用于网络空间，国家主权也自然而然地延伸适用于网络空间。第三，网络空间具有社会性。公海、太空和极地等传统的全球公域不适合人类生活甚至生存，因而没有普通社会公众长期居住，形成不了一个社会。网络空间则不同，人们在网络空间中交流互动，形成了一个真正的社区或社会，构成现实社会的一部分。在这样一个由海量网民参与的社会空间中，网络主体在网络空间中享有权利的同时也应履行相应的义务，承担相应的法律责任。第四，网络的互联互通性或无国界性并不意味着网络空间就是一个全球公域，而是意味着各国政府、组织和社会公众要加强合作，共同治理网络空间；意味着各国对打击其领域上的网络犯罪等违法行为负有一定的国际义务和责任。因此，各国基于网络空间的共享共治，应对各国领土范围内的网络空间的人、信息和行为等行使必要的管辖权。

所谓网络空间主权原则，是指国家对一国网络基础设施和网络活动具有管辖权，有权通过行政、经济、法律手段维护网络秩序，保护网民的合法权益，确保国家利益不受侵犯；主权国家有权参与网络空间国际治理活动，在遭遇他国政府或公民网络攻击时有权行使网络自卫权。

对于网络空间主权的内容，可以从传统国家主权的管辖权、独立权、防卫权、平等权等四个方面进行引申理解，但与传统国家主权的内涵相比，网络空间主权存在一些特殊之处。

（一）管辖权

管辖权是指国家对它领土之内的一切人(享有外交豁免权的人除外)和事物以及领土外的本国人实行管辖的权力，且有权按照自己的情况确定自己的政治制度和社会经济制度。对网络空间而言，管辖权指的是主权国家对本国境内的网民、网络设施、网络活动、网络信息和领土外的本国网民实行管辖的权力。基于网络主权，一国有权制定适用于本国的网络法律法规和政策，依法采取必要措施，管理本国信息系统及本国疆域上的网络活动；有权决定境内的网络是否接入国际互联网，境外的网站是否可以在境内被访问；可以禁止不服从本国法律法规的网站在境内提供服务；可以对网络空间的谣言、诈骗等非法信息传播进行必要的管制；对网络违法犯罪行为有权行使行政、司法管辖权等。例如，我国《网络安全法》第二条明确规定："在中华人民共和国境内建设、运营、维护和使用网络，以及网络安全的监督管理，适用本法。"这就是通过立法明确网络管辖权。《国家安全法》第二十五条也规定：加强网络管理，防范、制止和依法惩治网络攻击、网络入侵、网络窃密、散布违法有害信息等网络违法犯罪行为,维护国家网络空间主权、安全和发展利益。

在网络管辖权方面,全球对网络信息的管辖权争议较大。在互联网发展初期,各国对网络信息通常采取不管制或放松管制的政策,这让许多人觉得网络信息绝对自由是天经地义的事情;随着互联网全面渗透到政治、经济、社会的方方面面,非法和不良网络信息也越来越多,网络信息和网络舆情的治理成为各国政府的重要课题。我国基于本国法律对谷歌等不遵守我国有关网络信息法律的网站进行限制正是行使网络空间管辖权的具体体现。一些西方国家主张的所谓互联网自由,就是要否定他国对网络信息的管辖权和治理权,让网络空间成为网络技术霸权国家畅通无阻的"全球公域"。

在网络初步发展阶段,曾经出现过一种将网络视为一个单独的自治区域的观点,这种观点认为:网络是没有政府和法律的世界,即"网络不需要法律",现实世界里的政府没有任何正当理由介入网络世界的运作。这一观点的代表人物是美国人约翰·P. 巴洛(John Perry Barlow, 1947—2018)。他认为:虚拟网络空间独立于现实空间,国家权力不能越界干预互联网。

(二) 独立权

独立权是指国家完全独立自主地行使权力,排除外来干涉,无须受制于别国。传统的国家主权"含有全面独立的意思,无论在国土以内或在国土以外都是独立的"。由于互联网是全球性网络,各国的网络依赖互存,任何国家的网络都只是国际互联网的一部分;如果一国的网络不与他国的网络互联互通,完全独立运行,就只能是一国局域网了。因此,一国的网络要达到完全意义上的独立是不现实的,只能是相对的独立。但网络主权应当是独立的,即一国网络除了应遵守该国认可的统一技术标准和国际规则外,不应受制于其他国家。任何国家都不得搞网络霸权,不得利用网络干涉他国内政,不得从事、纵容或支持危害他国国家安全的网络活动。

目前,由于历史和技术原因,全球 13 台域名根服务器中美国境内有 10 台,只要美国在域名根服务器上屏蔽某一国家的域名,就能让这个国家的顶级域名网站在网络上瞬间"消失"。美国曾在战争的特殊时间里清除过伊拉克、利比亚的国家根域名,使得这两个国家的全部网站从国际互联网上消失。在这个意义上,美国具有全球独一无二的制网权,有能力威慑他国的网络主权。因此除了美国以外的其他各国的网络还无法实现完全的独立存在。要实现各国网络的独立权,就要将互联网的域名根服务器交给一个像联合国一样的国际机构管理。

我国一直致力于推动由联合国来负责接管互联网名称与数字地址分配机构(ICANN)的职能,但美国极力反对。2016 年 10 月 1 日,美国商务部下属机构国家电信和信息管理局(NTIA)被迫结束与互联网名称与数字地址分配机构之间的授权合同,把对互联网数字地址分配机构(IANA)的管理权完全移交给位于加利福尼亚州的互联网名称与数字地址分配机构(ICANN)。ICANN 管理权的移交客观上有助于各国网络摆脱美国的绝对控制,走向独立。

(三) 防卫权

防卫权是指国家为维护政治独立和领土完整而对外来侵略和威胁进行防卫的权力。网络领域的防卫权主要指的是主权国家具有对外来网络的攻击和威胁进行防卫的权力。网络攻击造成的损害已经不亚于传统战争，甚至比传统战争造成的损害更大。2007 年 5 月，爱沙尼亚的网络受到大规模病毒攻击，导致整个政府网络几乎瘫痪。2010 年，"震网"病毒导致伊朗布什尔核电站无法正常工作。2010 年 5 月，美国最先设立网络司令部，组建训练网军。2013 年，美国棱镜计划曝光，美国利用自身技术优势对他国民众和国家领导人实施监视、监听。这些事例警示人们网络战时代已经来临。此外，有的国家利用自身的信息优势和技术优势针对他国开展网络舆论攻势和意识形态输出，发动"颜色革命"，利用网络颠覆他国政权。总之，防卫权要求主权国家要设置网络疆界、网络边防，要有预防、监测、抵御和反击境外网络进攻的能力。

在网络防卫权方面，我国《网络安全法》第三条明确规定："(国家)建立健全网络安全保障体系，提高网络安全保护能力"；第五条规定："国家采取措施，监测、防御、处置来源于中华人民共和国境内外的网络安全风险和威胁，保护关键信息基础设施免受攻击、侵入、干扰和破坏"。《国家安全法》第二十五条也明确规定，国家建设网络与信息安全保障体系，提升网络与信息安全保护能力，以此来维护国家网络空间主权、安全和发展利益。

(四) 平等权

平等权是指主权国家不论大小、强弱，也不论政治、经济、意识形态和社会制度的差异，在国际法上的地位一律平等。国际上，国家间关系的特征是平等和独立。网络领域的平等权主要指的是各国的网络之间可以平等地进行互联互通，各国享有平等参与国际网络空间治理的权利。由于互联网发源于美国，其他国家的网络都是后来接入到美国的互联网上的，美国对互联网的掌控具有天然的绝对优势，其他国家则明显处于弱势地位，因而难以平等地参与国际网络空间治理。例如，2018 年 3 月美国通过的《澄清合法海外数据使用法》(CLOUD Act)规定，美国的监管、执法、司法部门可以通过国内法律程序调取美国公司存储在境外的数据，而只有经美国政府认可的"适格"国外政府才可直接向美国境内直接调取数据。考虑到全球十大网络公司中美国占据 6 家，这些公司掌握着海量的全球公民数据，这样的立法充分体现了美国在网络数据管控方面的霸权优势，显然不利于其他国家政府调取海外数据，平等地开展网络治理。如何重构国际网络空间治理模式，保障各国平等参与网络治理的权利成为当前的重要任务。

我国《网络安全法》第七条规定，国家积极开展网络空间治理国际交流与合作，推动构建和平、安全、开放、合作的网络空间，建立多边、民主、透明的网络治理体系。该规定体现了网络空间国家主权平等原则，倡导国际网络空间治理体系的构建应建立在主权平等原则的基础上。

二、网络空间主权原则的适用

总体而言，网络空间主权原则作为网络安全法的基本原则，其适用主要体现为以下几种形式：

第一，国家制定法律法规、采取相应措施对国内信息网络实施管理。在网络安全问题凸显的今天，国家承担保护国内信息网络安全的义务，应当积极履行职责，针对个人网络安全、关键信息基础设施的安全等建立有针对性的保护机制，维护国内信息网络安全秩序。

第二，国家在处理涉外网络安全问题时，应坚持网络主权原则，依法对来源于境外的网络安全风险和威胁采取措施，进行监测、防御和处置，保障国家关键信息基础设施免受攻击、侵入、干扰和破坏。

第三，网络服务提供者、关键信息基础设施的运营者以及网络用户均受网络空间主权原则的约束，应尊重国家主权，保守国家秘密，在从事可能涉及国家安全和利益的各项活动中自觉接受国家安全机关、保密机关以及国家网信机关的监督和管理。

网络空间主权原则在《网络安全法》中得到了充分贯彻。《网络安全法》第一条规定："为了保障网络安全，维护网络空间主权和国家安全、社会公共利益，保护公民、法人和其他组织的合法权益，促进经济社会信息化健康发展，制定本法。"这一条规定开宗明义，宣誓了国家对于网络空间的主权。《网络安全法》第二条规定："在中华人民共和国境内建设、运营、维护和使用网络，以及网络安全的监督管理，适用本法。"《网络安全法》第四条规定："国家制定并不断完善网络安全战略，明确保障网络安全的基本要求和主要目标，提出重点领域的网络安全政策、工作任务和措施。"《网络安全法》第五条规定："国家采取措施，监测、防御、处置来源于中华人民共和国境内外的网络安全风险和威胁，保护关键信息基础设施免受攻击、侵入、干扰和破坏，依法惩治网络违法犯罪活动，维护网络空间安全和秩序。"《网络安全法》第三十五条规定："关键信息基础设施的运营者采购网络产品和服务，可能影响国家安全的，应当通过国家网信部门会同国务院有关部门组织的国家安全审查。"《网络安全法》第三十七条规定："关键信息基础设施的运营者在中华人民共和国境内运营中收集和产生的个人信息和重要数据应当在境内存储。因业务需要，确需向境外提供的，应当按照国家网信部门会同国务院有关部门制定的规定进行安全评估；法律、行政法规另有规定的，依照其规定。"《网络安全法》第五十条规定："国家网信部门和有关部门依法履行网络信息安全监督管理职责，发现法律、行政法规禁止发布或者传输的信息的，应当要求网络运营者停止传输，采取消除等处置措施，保存有关记录；对来源于中华人民共和国境外的上述信息，应当通知有关机构采取技术措施和其他必要措施阻断传播。"

第三节　适度安全原则

一、适度安全原则的概念

所谓适度安全原则，是指网络安全法需要平衡网络安全与信息自由之间的冲突，将对网络安全的保护控制在适度的范围之内，不能为了获得绝对的网络安全而不计成本，也不能为了绝对的网络安全而对信息网络的使用者与运营者加诸过于严格的安全保护义务，以至扼杀信息网络的互联互通和信息技术的发展。

网络的开放性必然带来网络的脆弱性，网络安全问题始终存在于网络的发展历程中。在互联网普及的初期，由于人们的社会经济生活与网络的融合并不紧密，网络安全问题也不十分突出，网络发展成为重点。随着信息技术的进步和网络的全面普及，网络已经发展为全球公共基础设施，并渗透到社会、经济、生活的各个方面，人们的社会生活和各国的经济须臾不能离开网络。此时的网络安全问题就不仅仅是网络本身的安全，而是关涉国家安全和社会进步，因而各国纷纷制定国家网络安全战略，将关键信息基础设施列为国家的战略资产予以特别保护。

"没有网络安全就没有国家安全，没有信息化就没有现代化。""安全和发展是一体之两翼、驱动之双轮。安全是发展的保障，发展是安全的目的。""网络安全和信息化是相辅相成的。安全是发展的前提，发展是安全的保障，安全和发展要同步推进。"这些话非常经典地概括了网络安全与信息化发展的辩证关系。没有网络安全，信息化发展是脆弱的、不可持续的；没有信息化的发展，网络安全保障也就没有目标。网络立法应当兼顾网络安全与发展，既要鼓励、维护网络的创新与发展，又要兼顾网络的安全保障。网络安全与发展要同步推进。

目前我国网络虽然发展很快，但网络安全保障并没有同步跟上。侵害个人信息、侵犯知识产权、网络攻击、网络窃密等网络违法犯罪行为频频发生；网络虚假信息、儿童色情、网络仇恨、网络暴力、网络恐怖主义等非法信息已成为全社会公害；意识形态网络渗透、"颜色革命"的危险仍然阴魂不散；关键信息基础设施核心部件受制于人，仍然十分脆弱。面对各种网络安全威胁，我国政府常常只能被动应对。因此，我国当前迫切需要大力开发网络信息核心技术，培养网络安全人才队伍，加快构建网络安全保障和防御体系，全天候、全方位感知网络安全态势，增强网络安全防御能力和威慑能力，在发展中寻求网络安全保障。

在今天的网络社会，信息网络已经渗透到了社会生活的方方面面，因此，网络安全的保障是关系到社会整体发展的重要一环。一方面，不能过分强调个人的表达自由、通信自由以及互联网行业的技术创新、价值创造的需要而片面降低对于网络安全的要求，否则不受约束的网上谣言、诽谤、盗版传播甚至犯罪活动最终会瓦解公众对于互联网的信任，打压文学艺术以及科技创新，将信息网络引向歧途。另一方面，如果过于强调网络安全，要求网络服务提供商或者中间平台等承担过重的网络安全保障义务，那么中间平台无疑会动辄得咎，疲于应付，生存下去都会成为问题，何谈发展和创新。网络服务提供商的安全保障义务过重会直接限制整个国家信息化发展的进程。网络安全的保护不可避免地会引起对于网络使用的限制，但是这一限制应当是"有限度"的，要平衡网络安全与信息自由之间的冲突，将对于网络安全的保护控制在适度范围之内。

二、适度安全原则的适用

适度安全原则主要体现在对网络服务提供者的侵权责任认定上。1996 年制定的美国《通信法》第二百三十条明确规定"互动式计算机服务的提供者或者使用者，不应被视为任何其他信息内容的提供者所提供的信息的出版者或者发表者"，率先确立了中间平台的责任豁免制度，具有重要的历史意义。德国联邦议院 1997 年通过的《多媒体法》规定：互联网服务提供者根据一般法律对自己提供的内容负责；若提供的是他人的内容，服务提供者只有在了解内容、在技术上有可能阻止其传播的情况下对内容负责。1998 年制定的美国《数字千禧年版权法》为互联网服务提供商提供了版权侵权领域的避风港，其义务限于接到侵权通知后及时撤回相关侵权内容，无须为其用户的版权侵权行为承担法律责任。2000 年制定的欧盟《电子商务指令》第二章第四节规定了互联网服务提供商中间平台的责任豁免制度。该指令第十二条规定，"只要中间平台服务提供商：① 不是首先发起传输的一方，② 对信息的接收者不做选择，③ 传输由服务接受者提供的信息，或者为通信网络提供接入服务，成员国应当确保服务提供者不对所传输的信息承担责任。"为免除中间平台的后顾之忧，防止增设其一般执法义务，第十五条还明确规定："在服务提供者提供本指令第十二条、第十三条以及第十四条规定的服务时，成员国不应当要求服务提供者承担监督其传输和存储的信息的一般性义务，也不应当要求服务提供者承担主动收集表明违法活动的事实或情况的一般性义务"。欧美对于互联网服务提供商责任豁免的法律规定，对其他国家的互联网立法产生了广泛的影响，逐步成为各国普遍采用的一项基本法律制度。

我国《网络安全法》第三条明确表明了国家坚持网络安全与信息化发展并重的立场，这是适度安全原则的重要体现。《网络安全法》第三条规定："国家坚持网络安全与信息化发展并重，遵循积极利用、科学发展、依法管理、确保安全的方针，推进网络基础设施建设和互联互通，鼓励网络技术创新和应用，支持培养网络安全人才，建立健全网络安全保障体系，提高网络安全保护能力。"《民法典》第一千一百九十五条至第一千一百九十七条规定："网络用户利用网络服务实施侵权行为的，权利人有权通知网络服务提供者采取删除、屏蔽、断开链接等必要措施。通知应当包括构成侵权的初步证据及权利人的真实身份信息。网络服务提供者接到通知后，应当及时将该通知转送相关网络用户，并根据构成侵权的初步证据和服务类型采取必要措施；未及时采取必要措施的，对损害的扩大部分与该网络用户承担连带责任。权利人因错误通知造成网络用户或者网络服务提供者损害的，应当承担侵权责任。法律另有规定的，依照其规定。网络用户接到转送的通知后，可以向网络服务提供者提交不存在侵权行为的声明。声明应当包括不存在侵权行为的初步证据及网络用户的真实身份信息。网络服务提供者接到声明后，应当将该声明转送发出通知的权利人，并告知其可以向有关部门投诉或者向人民法院提起诉讼。网络服务提供者在转送声明到达权利人后的合理期限内，未收到权利人已经投诉或者提起诉讼通知的，应当及时终止所采取的措施。网络服务提供者知道或者应当知道网络用户利用其网络服务侵害他人民事权益，未采取必要措施的，与该网络用户承担连带责任。"在网络服务提供者的侵权责任认定问题上，我国吸收了国际通行的"避风港规则"和"红旗规则"。这一规则也被称之为"通知与移除规则(notice and take down)"，即任何人在自己的民事权益受到侵害之时，有权向网络技术服务提供者发出其网络服务涉嫌侵权的通知。网络技术服务提供者在收到该通知后采取删除、屏蔽或断开链接等必要的措施移除涉及侵权的信息，同时将该通知转达给被指控侵权的服务对象。如果被服务对象认为没有侵权的，网络技术服务提供者应当采取措施恢复该信息。只要履行上述程序，如果被指控的信息确实构成侵权，应当由网络用户承担赔偿责任，网络技术服务提供者不承担侵权赔偿责任；如果被指控的网络用户的行为不构成侵权，应当由发出错误通知的人向被服务对象承担违约赔偿责任，网络技术服务提供者不承担责任。"通知与移除规则"的确立为网络服务提供者建立了一个"避风港"，使其免受来自指控他人侵权之人、网络服务对象的两头夹击，有利于维护网络技术服务提供者的合理自由。

第四节　互联互通原则

一、互联互通原则的概念

依据欧盟《接入和互联指令》，"互联互通"是指在相同或者不同的服务提供商使用的公共通信网络中进行物理层或逻辑层上的连接，目的在于能够使一家服务提供商的用户与别的服务提供商的用户或是本服务提供商的其他用户之间进行通信，或者能够接入别的服务提供商提供的服务中。上述服务可以由进行互联的双方服务提供商提供，也可以由其他接入该网络的服务提供商提供。互联互通是一种介入的特殊形式，在公用通信网运营商之间实现。

互联互通主要由以下几个法律要件构成：

第一，互联互通是一种特殊的接入方式，是在电信运营商之间建立的跨网络的通信连接。电信运营商可以是相同的运营商，也可以是不同的运营商；同一个电信运营商的不同网络之间与不同电信运营商的网络之间均可以称为跨网络连接。

第二，互联互通是电信业务经营者之间建立的有效的网间通信联系。这种通信联系在技术上是有效的，可使用户在任何地理位置的任何一点都能够无缝、透明、非歧视、可持续地将其终端设备连接到其所希望连接的任何电信网络，从而与被连接电信网络内的用户建立通信关系。

第三，互联互通的目的是为了确保用户的通信自由，实现用户的各种通信权利。电信业务经营者在市场中份额差异较大。部分主导运营商可能占据了市场的全部份额或者绝大部分份额，根据各管辖地反垄断法的规定，可以认定其具有市场垄断地位。在垄断或者寡头竞争的市场模式下，新加入的电信运营商往往没有充足的电信网络资源，需要通过购买、租用的方式才能够接入已有的庞大的电信网络中，以便己方用户能够进行跨网通信，或者能够介入主导运营商提供的服务中。互联互通保证了新入网运营商用户通信自由的权利。

第四，互联互通涵盖了设备、网络和业务三个层次上的相互连接和相互通用。互联互通不仅包括网络互联条件下的业务互通问题，而且包括设备互联条件下的业务互联问题，无论采取商业上的租用、借用、买用还是典用，实现网络、设备以及业务三者之间的无缝隙互联互通才是真正意义上的完全的互联互通。

互联互通原则包括了以下几个子原则：

第一，强制性原则。互联互通是电信运营商的法定义务，具有法律强制性。特别是本地主导运营商，其对互联互通有着更多的强制义务。

第二，非歧视原则。非歧视原则要求本地主导运营商在提供互联互通服务时，在两个方面做到公正：一是对待所有要求互联互通的公司应该遵循非歧视的原则，在价格等方面不能区别对待；二是对别的运营商提供的互联互通服务质量不能低于任何与本公司有关联公司的服务质量。非歧视原则保证了两点：保证了市场中所有非主导运营商在网络接入中的公平竞争；保证了运营商能够得到良好质量的互联互通。非歧视原则虽然主要是针对主导运营商进行的限制，但同样适用于非主导运营商在提供互联互通时的活动。

第三，透明公开原则。透明公开原则要求运营商在制定互联协议、商讨互联价格以及后续的保证互联质量中，做到互联协议、价格、维护记录等的公开透明，这同样是对公平竞争和互联互通质量的一种保护。透明公开原则在各国立法中均有采用，但对运营商的公开义务做了不同程度的规定。

网络安全法上的互联互通原则，是指在对网络安全问题实施管制的过程中，立法和执法应当制定符合透明度要求和非歧视要求的安全认证、安全检测标准，促进网络基础设施间的无障碍连接，推动安全认证和安全检测结果互认，推动不同电子身份认证之间的互认，避免重复认证、检测。

二、互联互通原则的适用

对于网络安全领域的互联互通问题，除了我国《网络安全法》第三条的原则性规定之外，该法第二十三条规定："网络关键设备和网络安全专用产品应当按照相关国家标准的强制性要求，由具备资格的机构安全认证合格或者安全检测符合要求后，方可销售或者提供。国家网信部门会同国务院有关部门制定、公布网络关键设备和网络安全专用产品目录，并推动安全认证和安全检测结果互认，避免重复认证、检测。"该法第二十四条第二款规定："国家实施网络可信身份战略，支持研究开发安全、方便的电子身份认证技术，推动不同电子身份认证之间的互认。"

我国《公用电信网间互联管理规定》《电信条例》《关于加强依法治理电信市场的若干规定》等均规定了互联互通的保障制度及违反互联互通要求的法律责任。例如，《公用电信网间互联管理规定》规定了网间通信重大障碍报告制度。该规定第三十八条第一款规定："未经信息产业部批准，电信业务经营者不得擅自中断网间通信。电信业务经营者应当建立网间通信重大障碍报告制度。发生网间通信中断或网间通信严重不畅时，电信业务经营者应当立即采取有效措施恢复通信，并及时向电信主管部门报告。"《电信条例》规定了违反互联互通要求的法律责任。该条例第七十二条规定，违反本条例的规定，有下列行为之一的，由国务院信息产业主管部门或者省、自治区、直辖市电信管理机构依据职权责令改正，处5万元以上50万元以下罚款；情节严重的，责令停业整顿：

(1) 拒绝其他电信业务经营者提出的互联互通要求的；

(2) 拒不执行国务院信息产业主管部门或者省、自治区、直辖市电信管理机构依法作出的互联互通决定的；

(3) 向其他电信业务经营者提供网间互联的服务质量低于本网及其子公司或者分支机构的。

第五节　公共治理原则

一、公共治理原则的概念

公共治理概念受到全球关注并开始被研究，起源于1989年世界银行发布的报告《撒哈拉以南非洲：从危机走向可持续增长》，报告中提出了与公共治理有关的观点。公共治理的兴起，事实上伴随的是西方政治学家对传统公共行政和新公共管理的理论批判和范式重构。

以西方发达国家为主的政府改革潮流，有其深层次的社会背景。1973 年至 1975 年，中东石油危机、美元贬值引发了战后最严重的全球经济危机，西方资本主义经济进入"滞胀"期，试图满足公民"从摇篮到坟墓"要求的福利国家陷入危机。政府职能与责任增加，财力资源有限，又没有获取新资源的良策，从而陷入财政危机之中；伴随着财政危机的是政府管理和信任危机，政府规模过于庞大导致管理的失调、失控、效率低下，其结果是政府形象受损和普遍存在的信任危机。人们对限制政府规模、寻求以市场为基础的新的公共管理运作模式诉求达到极点，在整个 20 世纪几乎占据主导地位，以传统官僚制为核心的公共行政，陷于终结的衰落，"新公共管理"范式应运崛起。20 世纪 70 年代末，西方发达国家掀起"重塑政府""再造公共部门"的"新公共管理运动"，代表性的改革实践包括撒切尔政府的"财政管理创新"(改革缩小政府规模)、梅杰政府的"公民宪章运动"(用宪章的形式界定公共部门服务)、美国成立的"国家绩效评估委员会"等。"新公共管理运动"先期在公共管理实践领域取得突破，以解决政府失灵问题为主要目的，与传统官僚形态形成鲜明对比。20 世纪 80 年代中后期，新公共管理在解决政府失灵问题的同时，面临新的指责和困境，主要包括其单一的经济价值取向(经济、效率和效能)、市场化导向造成公益的缺失等，这些问题与民主社会越来越关注公共利益、社会正义与公正的实现格格不入，新公共管理在管理实践中显现出越来越大的局限性。政治学家、政府官员开始认识到，完善的公共管理不得不开始考虑治理层面的问题，需要同时解决政府与市场存在的失灵现象。在这样的政府改革大背景下，公共治理理论应运而生。公共治理的兴起原因是西方政治学家在社会资源的配置中既看到了市场的失效又看到了国家的失效。"超级保姆"式的政府机构臃肿、服务低劣，导致财政税收危机四伏，同时市场机制出现分配不公、失业、市场垄断等失灵现象，社会迫切需要新的调节机制解决政府和市场失灵问题。国家与社会、政府与市场等二分法在 20 世纪后期纷纷陷入困境，追求社会科学理论的新范式，寻找国家、市场和社会的重新定位，成为实践与学术的双重迫切需求。总体来说，公共治理理论研究的兴起是西方发达资本主义国家适应外部环境变化的一种能力体现和改革，目的在于更好地协调和实现政府、市场和社会三者之间的有效互动。

公共治理原则包含三方面的内容：第一，包括政府、企业、公民在内的多元治理主体；第二，治理工具上既包括强制性的法律，也包括非强制性的软法及二者的混合；第三，治理结构不再是垂直的"命令、服从"，而是网络状的、平行的协商模式。

公共治理模式具有以下几个基本特征：

(1) 在公域之治的理念上，这种模式主张确立一种体现民主参与的治理理念，强调对公共关系的规范和管理应当基于普遍的公众参与；

(2) 在主体行为假定上，这种模式主张对所有主体统一采用个体主义方法论，假定所有主体都是有限理性的，在此基础上辅之以集体主义方法论，形成一种互动主义方法论，并通过适当的机制设计和制度安排来促使公共机构成为公益代表；

(3) 在价值取向上，这种模式主张通过维护社会秩序来保障公民自由，并在实现社会公平的基础上追求效率的最大化，旨在实现自由与秩序、公平与效率的辩证统一；

(4) 在利益导向上，这种模式主张公益与私益的唇齿相依，在兼顾公益和私益的基础上实现社会整体利益的最大化；

(5) 在治理对象的界定上，这种模式主张将各种公共事物视作治理对象，这个公域并

非限指公共权力的运作领域,而是囊括公共关系覆盖的整个公共领域;

(6) 就治理主体而言,这种模式主张所有的公共关系主体都是治理主体,其不仅包括各类公共权力主体,还包括诸如私人组织以及公民个人等权利主体,各种治理主体在公域之治中扮演不同角色,平等参与公共治理过程,各展所长、各得其所,形成多元治理格局;

(7) 在治理方式上,这种模式主张依照公域之治的实际需要,在进行综合性成本—收益分析的基础上,按照"先非强制"后强制,先双方协商后单方强制,先自治后他治,先市场后社会、再政府的选择标准,实现治理方式的多元化、民主化和市场化,通过博弈实现均衡,借助程序正义实现实体正义,并通过实体正义来体现程序正义;

(8) 这种模式主张在宪政框架下所有公共治理主体都应该权责一致,确保没有权力不受监督,没有权利不受救济,所有公共治理主体都要依法承担违法责任,尤其要确保过罚相当、罚当其则。

在网络安全领域,多元的治理主体、灵活的治理手段以及协商、合作的治理模式对于网络安全的保障具有重要意义。第一,网络安全的保障是一个具有极强的技术性的问题,网络安全的保障程度与相关领域的技术研发、技术创新和应用密切相关,而掌握最新、最优网络安全保障技术的往往是相关领域的企业或者科研机构。因此,网络安全的保障依赖于国家与这些企业、研发机构及高等院校之间的合作,通过鼓励、推动和运用新技术才能不断提升网络安全保障的水平。第二,网络用户与从事网络信息有关活动的组织往往是与网络安全问题距离最近的主体,相比而言,政府从知情到响应往往需要较长的时间并要支付更高的成本。因此,尽可能地调动广大网民、网络服务提供者等社会主体参与到网络安全的公共治理之中,能够更加及时、高效、便捷地应对网络安全问题。特别是网络服务的提供者,往往通过其掌握的行业规律、常见争议及安全问题等事先制定网络规约、建立安全问题举报制度、信用评价制度等制度,已经在网络安全的保障上发挥了重要的作用,将这些多元的治理机制吸纳到网络安全的保障与规制中来,符合效率性的要求。第三,相比行业组织、信息网络的运营者与网络服务的提供者等主体而言,政府机关的人员配备及专业能力都相对较弱。只有吸收多元主体、综合运用国家法律与行业规则、兼顾国家规制与行业自律的多元治理模式方能够胜任网络安全保障工作。

二、网络公共治理原则的含义

所谓网络的公共治理,是指政府、国际组织、互联网企业、技术社群、民间机构、公民个人等网络利益相关者根据各自的作用和角色,共同参与规范互联网的发展和使用的活动。公共治理是相对于传统的政府单边主导的社会治理而言的。网络空间的良好秩序仅仅依靠政府是无法实现的,需要政府、企业、社会组织和公众等网络利益相关者的共同参与。

网络空间治理之所以需要政府、企业、社会团体和社会公众共同参与,主要是因为:

第一,以政府为主导的传统管理模式已无法胜任网络治理的需要。传统的社会管理模式以属地管理为主,将国家划分为不同层级的行政区域,并设置相应的地方政府管理本地事务,形成了自上而下的金字塔式管理体系。网络空间的结构并不适合分区管制的实施。网络空间打破了地域限制,没有现实的地理界限来隔离信息的流动。网络空间的开放性使得人们可以在任何时间、任何地点进入网络空间的任何角落。一个平台可以容纳全国，甚至全世界的网民参与，在这样的平面化社会结构下，传统的管理模式难以适应治理的现实需要。

第二，作为网络社会核心环节的网络平台，基本上都由民营企业经营，而非由国家控制。架构网络空间的技术标准和协议也都是由企业或技术精英研发出来的，而不是由政府设计的。民族国家、宗教组织、跨国公司等传统的主导权力机构都在网络信息流动中丧失了一定的控制权。政府对信息的控制能力在削弱，这不仅体现在防范国家安全敏感信息外泄能力的缺失，还体现在对信息中介服务全球输出进行限制的能力匮乏。这就要求网络运营者(信息中介)不仅要创造互联网规则和政策，同时还要承担互联网的内容控制职能。政府与互联网企业的关系不再是简单的管理与服从的关系，还需要建立伙伴关系，开展信息共享，共同应对网络安全威胁。

第三，信息通信技术日新月异，网络应用层出不穷，企业和个人往往能够较快地跟进网络社会的发展，而政府对快速变迁的技术和市场的反应明显滞后，因而不能完全适应网络社会快速发展的需要，政府已经难以仅凭一己之力治理好网络社会，而是应该积极引导互联网企业、行业协会和社会公众参与网络治理，开展协同合作，建立伙伴关系，实现网络社会的有效治理。

公共治理原则要求各方主体根据各自的角色和作用发挥治理功能。早在 2003 年的联合国信息社会世界峰会通过的《日内瓦原则宣言》中就明确指出，各国政府以及私营部门、民间社会和联合国及其他国际组织在信息社会的发展和决策过程中发挥着重要作用，肩负着重要责任。互联网的治理既包括技术问题，也包括政策问题，并应有所有利益相关方以及相关政府和国际组织的参与。2005 年联合国的《互联网治理工作组的报告》对政府、私营部门、民间社会在互联网治理中的不同作用做了进一步描述。政府应当在国家层面进行公共政策的决定、协调和执行，并对区域和国际级别上的政策进行制定和协调；应制定和通过法律、条例和标准，并监督实施；应为信息和通信技术发展创造有利环境等。私营部门应当制定业内的自律规范，确立最佳实践；应为决策人员和其他利益相关者提供政策提议、准则和工具；应开展技术、标准和进程的研究等。民间社会应提高网络安全意识和能力建设；促进实现各种公益目标；协助确保政府和市场力量能够顾及社会所有成员的需求；鼓励企业承担社会责任和政府实施善政等。此外，《互联网治理工作组的报告》认为，学术界对互联网的贡献十分宝贵，是启发、创新和创造活动的主要来源之一；技术界及其各组织参与互联网业务、互联网标准制定和互联网服务发展的程度很深。这两类群体在互联网的稳定、安全、运作和发展方面起着持久、宝贵的作用。

一国境内的网络空间治理需要坚持共同治理原则，而国际网络空间的治理，同样应当坚持共同治理原则。正如习近平主席在第二次世界互联网大会上所指出的："国际网络空间治理，应该坚持多边参与、多方参与，由大家商量着办，发挥政府、国际组织、互联网企业、技术社群、民间机构、公民个人等各个主体作用，不搞单边主义，不搞一方主导或由几方凑在一起说了算。"尤其值得注意的是，在网络空间治理活动中，特别是在维护网络安全方面，政府正发挥着越来越重要的作用，各国的网络安全战略也都强调要加强国际合作，因此，在国际网络空间治理方面不能排除或减少各国政府的参与，而应加强各国政府间的沟通交流，完善政府间的网络空间的对话协商机制，共同研究制定全球互联网治理规则，使全球互联网治理体系更加公正合理，更加平衡地反映大多数国家的意愿和利益。

三、公共治理原则的适用

公共治理原则是网络安全法的重要原则，公共治理原则要求国家采取措施鼓励全社会共同参与到网络安全的治理活动中来，政府部门、网络建设者、网络运营者、网络服务提供者、网络行业相关组织、高等院校、职业学校、社会公众等都应根据各自的角色参与网络安全治理工作。

首先，公共治理原则要求国家、个人、网络运营者、网络服务提供者、行业组织、科研机构、高等院校等多元主体共同参与到网络安全的治理活动中来。根据我国《网络安全法》第六条的规定："国家倡导诚实守信、健康文明的网络行为，推动传播社会主义核心价值观，采取相应措施提高全社会的网络安全意识和水平，形成全社会共同参与促进网络安全的良好环境。"《网络安全法》第十四条规定："任何个人和组织有权对危害网络安全的行为向网信、电信、公安等部门举报。收到举报的部门应当及时依法作出处理；不属于本部门职责的，应当及时移送有权处理的部门。有关部门应当对举报人的相关信息予以保密，保护举报人的合法权益。"《网络安全法》第十六条规定："国务院和省、自治区、直辖市人民政府应当统筹规划，加大投入，扶持重点网络安全技术产业和项目，支持网络安全技术的研究开发和应用，推广安全可信的网络产品和服务，保护网络技术知识产权，支持企业、研究机构和高等学校等参与国家网络安全技术创新项目。"《网络安全法》第十七条规定："国家推进网络安全社会化服务体系建设，鼓励有关企业、机构开展网络安全认证、检测和风险评估等安全服务。"

其次，公共治理原则要求在网络安全的保障上坚持国家规制与行业自律并重，重视行业组织的自治规则在网络安全保障上的重要作用，借助行业自律的高效性、专业性提升整个国家网络安全保障的水平。我国的《网络安全法》在强调国家监管责任的同时，亦重视行业自律对于维护网络安全的重要作用。《网络安全法》第十一条规定："网络相关行业组织按照章程，加强行业自律，制定网络安全行为规范，指导会员加强网络安全保护，提高网络安全保护水平，促进行业健康发展。"《网络安全法》第十五条规定："国家建立和完善网络安全标准体系。国务院标准化行政主管部门和国务院其他有关部门根据各自的职责，组织制定并适时修订有关网络安全管理以及网络产品、服务和运行安全的国家标准、行业标准。国家支持企业、研究机构、高等学校、网络相关行业组织参与网络安全国家标准、行业标准的制定。"《网络安全法》第二十九条规定："国家支持网络运营者之间在网络安全信息收集、分析、通报和应急处置等方面进行合作，提高网络运营者的安全保障能力。有关行业组织建立健全本行业的网络安全保护规范和协作机制，加强对网络安全风险的分析评估，定期向会员进行风险警示，支持、协助会员应对网络安全风险。"

最后，公共治理原则要求对网络安全的保障采取强制性管理与柔性合作并举的治理手段，不能片面强调强制性规则的重要性而忽略了柔性的行业与部门合作、协商、信息共享等手段的重要性。《网络安全法》第三十九条规定："国家网信部门应当统筹协调有关部门对关键信息基础设施的安全保护采取下列措施：① 定期组织关键信息基础设施的运营者进行网络安全应急演练，提高应对网络安全事件的水平和协同配合能力；② 促进有关部门、关键信息基础设施的运营者以及有关研究机构、网络安全服务机构等之间的网络安全信息共享。"这些都是公共治理原则的体现。

需要说明的是，除了网络空间主权原则、适度安全原则、互联互通原则和公共治理原则之外，在网络安全法的各个领域还需要遵循相应部门法的基本原则。例如，在处理平等主体之间的网络安全纠纷时，应坚持民法上的平等原则；在处理网络安全的行政监管问题时，应坚持行政法上的合法行政原则、比例原则和正当程序原则等；在追究涉及网络安全的刑事犯罪的过程中，应当遵循刑法的罪刑法定原则、罪责刑相适应原则等。

【案例讨论】

蔡振文诉某网络有限公司案

基本案情：

2014 年 12 月 7 日，蔡先生在某网络购物平台的车×宝车品店购买了 2 瓶汽车冷却系统清洗剂，每瓶单价 68 元，含保险金合计支付 136.7 元。收到货物后，蔡先生发现清洗剂的生产日期模糊不清，且该店客服无法提供准确生产日期，遂于 2014 年 12 月 16 日以商品质量问题为由要求退货，卖家车×宝车品店同意退货并提供退货地址。

蔡先生将货物用快递退回，但卖家签收后明确表示拒绝向蔡先生退款。蔡先生为此向该购物平台投诉该店，该平台受理投诉后支持了蔡先生的退款请求，作出退款处理。让蔡先生没有想到的是，12 月底，该店店主向购物平台举报，认为蔡先生欺诈，购物平台对蔡先生的账号作出处理，限制蔡先生登录其平台账号，限制其使用购物、支付等功能，同时蔡先生不再享有此前拥有的 WiFi 特权、极速退款等十几项权利。

蔡先生表示，该购物平台当时限定一人只能开一个账号，他无法另开账号购物。蔡先生多次与平台交涉，但均未获得解决。随后，蔡先生将该平台及该店所属公司诉至南海法院，要求恢复账号，并赔偿损失。

该购物平台认为，蔡先生与车×宝车品店是该买卖合同的双方，平台并非买卖合同关系的相对人，不应要求其承担赔偿责任。而且平台作为网络交易平台服务的提供者，已依法尽到审查义务，在蔡先生与卖家发生纠纷时介入处理，责令车×宝车品店全额退款，蔡先生未在此次交易中受到损害。

同时，该购物平台向法院提交了大量证据，证明其作出限制蔡先生使用平台账号的行为合法有理。经平台调查，在此次交易中，蔡先生购买数量是 2 瓶，卖家发货 3 瓶(买 2 送 1)，其中 1 瓶是赠品，但蔡先生退货时并未将发票和赠品退回，卖家在此前交涉中亦以此为由拒绝退款，但经平台介入后该店已全额退回货款。

庭审中，该购物平台对蔡先生存在不当注册的行为进行了举证，包括退回的商品非实际卖家发出的商品、退货重复利用退货单号、谎称未收到发票而发起仅退款不退货的申请。该购物平台认为，根据其公司公布在其网站的《××规则》，蔡先生涉嫌滥用其会员权利损害他人合法权益、妨害其运营秩序，平台有权对该账号采取限制登录等临时性管控措施。

蔡先生对此回应称，他在注册该平台账号时，没有打开和阅读任何规定或条款，也没有发现有提示或解释，要注册账号必须点击确认同意接受，阅读与不阅读均无意义。他认为，任何不公平、不公正、不利于原告的条款都不具有法律效力，特别是法律专用术语并不是他所能理解和真实接受的。

判决要点：

第一，用户在提出申请并注册成为该购物平台会员之时，必须与其签订《××服务协议》，协议项下包含正文、法律声明、××规则及所有平台已经发布或将来可能发布的各类规则、公告或通知等，用户对该协议文本点击确认同意之行为作出，则双方在该协议项下的网络服务法律关系建立。

第二，若用户不愿接受该平台服务规则，甚至体验不佳，完全可以选择"用脚投票"，而且，该选择并不会对其日常必要生活消费造成颠覆性影响。反之，选择使用该平台，即表明愿意接受平台规则，并遵循规则行使权力，践行承诺。

第三，该平台的规则合理与否，乃至其相应程度，应交由其用户予以体验和评价，司法应对此给予足够的尊重和空间，而不应强行介入，否则，商事交易主体的私权利内容和处分意志将极大压缩，鼓励交易、尊重交易的司法导向亦将严重褪色。

至于双方争议的规则设立是否合理、采取的具体管控措施是否过于严厉等，均不属本案审查范围。

请问：法院对于××规则的认定是否合理？为什么？

【课后思考】

1. 思考网络安全法的基本原则对我国个人信息保护立法的指导意义。

2.《电子商务法》关于电商平台责任的规定是否符合适度安全原则？

附：《电子商务法》第三十八条　电子商务平台经营者知道或者应当知道平台内经营者销售的商品或者提供的服务不符合保障人身、财产安全的要求，或者有其他侵害消费者合法权益行为，未采取必要措施的，依法与该平台内经营者承担连带责任。

对关系消费者生命健康的商品或者服务，电子商务平台经营者对平台内经营者的资质资格未尽到审核义务，或者对消费者未尽到安全保障义务，造成消费者损害的，依法承担相应的责任。

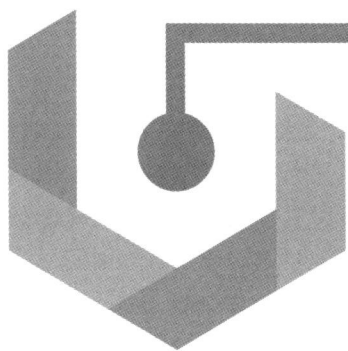

第三章

网络运行安全法律制度

【本章重点】

1. 网络安全等级保护制度的内容。
2. 网络关键设备和网络安全专用产品安全管理制度的内容。
3. 关键信息基础设施保护制度的内容。
4. 网络安全审查制度的内容。

第一节　概　　述

网络运行安全法律制度是网络安全法律制度的重要组成部分，根据我国《网络安全法》及相关规定，网络运行安全法律制度既包括了静态的网络设施安全法律制度，又包括了动态的网络运行安全法律制度，其内容涵盖了网络安全等级保护制度、网络关键设备和网络安全专用产品安全管理制度、网络安全监测预警与应急处置制度、关键信息基础设施保护制度等。

从《网络安全法》整体出发，基于其适用对象的不同，将网络运行安全法律制度分为两部分：一部分是普遍适用于所有网络运营者和其他网络活动主体的一般安全要求，另一部分是专门针对关键信息基础设施和运营者设计的安全要求。

一、网络运行安全的定义

网络运行安全是指在网络运行的过程中，计算机操作系统、应用软件、网络协议等维持网络运行的程序能充分发挥其功能，消除负面因素，免受外部的干扰和破坏，保证网络稳定有序地运行，使网络处于一个安全的状态。

网络运行不仅要依靠硬件设备，如计算机主机、存储器、硬盘等物理设备和介质，还需要支持网络运行的操作系统、应用软件、网络协议等软件。网络安全运行需要依赖以下几个方面的协调：

第一，体系结构的合理分配。计算机工作的程序是由下层向上层提供信息，下层是信息的提供者，上层是信息的调用者。如果下层提供的信息有误，就会使上层的工作受到阻碍。网络的安全运行需要保证下层提供信息的准确性，并且信息在传播的过程中能顺利完整地传达给上层。

第二，网络通信的安全。网络通信是要在网络设备之间、网络设备与主机节点之间进行信息交换，因此保证通信协议和通信系统的安全至关重要。

第三，操作系统的安全。操作系统是管理和控制计算机硬件与软件资源的计算机程序，是直接运行在"裸机"上的最基本的系统软件，任何其他软件都必须在操作系统的支持下才能运行。目前的操作系统都存在安全漏洞，这些漏洞一旦被黑客发现并利用就可能使整个网络系统遭受严重的损失甚至瘫痪。对这些操作系统应及时地查杀病毒或修补漏洞，这样才能保证网络安全地运行。

第四，应用程序的安全。应用程序是针对用户的某种应用目的而编写的程序，如音频视频播放器、即时通信软件、电子邮件软件、网页浏览器、会计软件等，各种各样的应用程序可以满足人们对计算机网络系统的多样化需求。现在很多网络应用系统都存在漏洞，应该即时地检测并弥补这些漏洞，避免黑客通过漏洞窃取重要的信息，保证应用系统的安全。

第五，用户的安全。用户是互联网、网络服务和相关技术产品的使用者。网络运行安全需要使用者在自身权限范围内、依法依规使用网络。用户身份认证和访问控制是保证用户安全的重要机制。用户身份认证是指通过采用强密码、多因素认证等方式，确保只有合法的用户能够访问网络资源。对于不同级别的资源访问，需要采用不同强度的身份认证方式，以保证用户身份的安全性。访问控制是通过采用访问控制策略，限制不同用户对不同网络资源的访问权限，防止未经授权的用户访问和操作网络资源。

只有保证网络运行所依赖的体系结构、网络通信、操作系统、应用程序及用户的安全，使计算机系统各个程序都能充分地发挥良好的功能，才能使整个网络稳定安全地运行。

二、威胁网络运行安全的因素

随着网络的发展，网络安全威胁越来越严重，网络攻击行为也日新月异。网络攻击是一些对网络进行破坏的行为。现在的网络攻击行为由原来零散的小规模的攻击演变为大规模的分布式攻击，如果缺少必要的安全措施和保护手段，就会威胁到网络安全，继而产生严重的后果。

网络安全面临的威胁主要有以下六种类型。

(一) 黑客攻击

黑客攻击的手段可分为非破坏性攻击和破坏性攻击两类。非破坏性攻击一般是为了扰乱系统的运行，并不盗窃系统资料，通常采用拒绝服务攻击或信息炸弹；破坏性攻击是以侵入他人电脑系统、盗窃系统保密信息、破坏目标系统的数据为目的。

黑客常用的攻击手段有：

(1) 后门程序。程序员在设计一些功能复杂的程序时，一般采用模块化的程序设计思想，将整个项目分割为多个功能模块，并分别对这些模块进行设计、调试，这时的后门就是一个模块的秘密入口。在程序开发阶段，后门便于测试、更改和增强模块功能。正常情况下，完成设计之后需要去掉各个模块的后门，不过有时由于程序员的疏忽或者其他原因后门没有被去掉，一些别有用心的人会利用穷举搜索法发现并利用这些后门进入系统发动攻击。

(2) 信息炸弹。信息炸弹是指使用一些特殊工具软件，短时间内向目标服务器发送大量超出系统负荷的信息，造成目标服务器超负荷、网络堵塞、系统崩溃的攻击手段。

(3) 拒绝服务。拒绝服务又叫分布式 DoS 攻击，它是使用超出被攻击目标处理能力的大量数据包消耗系统可用资源、带宽资源，最后使网络服务瘫痪的一种攻击手段。攻击者会首先通过常规的黑客手段侵入并控制某个网站，然后在服务器上安装并启动一个可由攻击者发出的特殊指令来控制进程，攻击者把攻击对象的 IP 地址作为指令下达给进程的时候，这些进程就开始对目标主机发起攻击。这种方式可以集中大量的网络服务器带宽，对某个特定目标实施攻击，因而威力巨大，顷刻之间就可以使被攻击目标带宽资源耗尽，导致服务器瘫痪。

(4) 网络监听。网络监听是一种监视网络状态、数据流以及网络上传输信息的管理工具，它可以将网络接口设置在监听模式，并且可以截获网上传输的信息，也就是说，当黑客登录网络主机并取得超级用户权限后，若要登录其他主机，使用网络监听可以有效地截获网上的数据，这是黑客使用最多的方法。但是，网络监听只能应用于物理上连接于同一网段的主机，通常被用作获取用户口令。

(5) DDoS。DDoS(分布式拒绝服务)攻击是指处于不同位置的多个攻击者同时向一个或数个目标发动攻击，或者一个攻击者控制了位于不同位置的多台机器，并利用这些机器对受害者同时实施攻击。由于攻击的出发点分布在不同地方，因而称为分布式拒绝服务攻击。

另外，密码破解也是黑客常用的攻击手段之一。

(二) 病毒攻击

病毒是黑客在计算机程序中插入的破坏计算机功能或者数据，影响计算机使用并且能够自我复制的一组计算机指令或者程序代码。病毒依附于介质软盘、硬盘等。病毒传染的媒介由工作的环境来定。病毒激活是指将病毒放在内存，并设置触发条件。触发的条件是多样化的，可以是时钟、系统的日期、用户标识符，也可以是系统的一次通信等。被激活的病毒会自我复制到传染对象中，进行各种破坏活动。

我国是病毒攻击的主要受害国之一。据国家计算机网络应急技术处理协调中心统计，2020 年上半年，我国境内感染计算机恶意程序的主机数量约 304 万台，同比增长 25.7%。位于境外的约 2.5 万个计算机恶意程序控制服务器控制我国境内约 303 万台主机。就控制服务器所属国家或地区来看，位于美国、中国香港地区和荷兰的控制服务器数量分列前三位，分别是约 8216 个、1478 个和 1064 个；就所控制我国境内主机数量来看，位于美国、荷兰和德国的控制服务器控制规模分列前三位，分别控制我国境内约 252 万台、127 万台和 117 万台主机。

(三) 管理欠缺

管理欠缺是网络容易遭到攻击的内因，也是根本原因。网络系统的严格管理是企业、机构及用户保障系统安全应该采取的重要措施。例如，一般要关闭闲置服务器或与终端无关的服务端口，停用无关服务，避免成为黑客利用的"弹药"。但是现在很多企业和机构的网站都不注重对网站的管理，导致黑客或病毒软件利用系统管理的漏洞侵入系统进而威胁系统安全。

(四) 网络缺陷

网络缺陷是由网络的性质决定的。互联网本身所具有的开放性和共享性使得网络上的信息安全处于不稳定的状态。并且，互联网运行所依赖的 TCP/IP 协议，在设计时的初衷是为了保证信息的传输不会因为网络的暂停而中断，并没有考虑到安全问题。因此，网络在安全可靠、宽带和通信便利等方面存在很多问题，不能给网上信息的存储和传输提供一个相对安全稳定的环境。

(五) 软件漏洞

软件漏洞是计算机软件系统受到攻击的主要原因。随着软件系统规模的扩大，软件中隐藏的漏洞或"后门"也会不可避免地增多。由于计算机软件的技术性要求较高，软件设计人员的任何疏忽或设计缺陷都会使软件存在有漏洞的风险。即使是我们经常使用的Windows、UNIX 等操作软件也或多或少地存在漏洞，一些服务器、浏览器和桌面软件等也都曾被发现携带有病毒。

(六) 使用者缺乏安全知识

一些不谨慎的行为，比如有的用户随意将自己的账号和密码告诉给他人，用户设置的密码过于简单、易于破解，软件使用错误，安装时安全配置不当致使存在安全漏洞，系统备份不完整等，都会给计算机系统带来安全威胁，甚至可能造成无法挽回的损失。

第二节　　网络关键设备和网络安全专用产品安全管理制度

一、概述

随着信息和通信技术的进化和全领域的数字化转型，公共机构、企业、个人使用的网络产品和信息服务日益增多，网络设备在政务、通信、卫生、能源、金融和运输等重要部门及领域中发挥的核心作用也不断增强。数字化和连接性是万物互联时代的网络设备的基本属性，也让整个社会更容易遭受网络安全威胁。个别网络设备的漏洞可能成为影响网络系统安全的薄弱环节而被利用，网络关键设备是网络风险的主要来源和网络攻击的重点对象，将网络关键设备纳入重点管理对象成为国内外的普遍做法。我国对网络关键设备和网络安全专用产品的销售或提供进行了严格的控制，规定网络关键设备和网络安全专用产品应当按照相关国家标准的强制性要求，由具备资格的机构安全认证合格或者安全监测符合要求后，方可销售或者提供。

网络关键设备采取依标生产、安全认证和安全检测制度，在流通销售之前进行产品质量管理,以假定网络攻击发生而在设计和开发的最初阶段采取策略将影响降到最低,从而减少恶意利用造成的危害风险并确保我国网络安全关键领域的稳定有序。根据《网络安全法》《中华人民共和国密码法》(以下简称《密码法》)等法律法规的规定,我国网络关键设备已经被列为专门对象进行管理。除《网络安全法》第二十三条的规定外,《密码法》第二十六条规定:"涉及国家安全、国计民生、社会公共利益的商用密码产品,应当依法列入网络关键设备和网络安全专用产品目录,由具备资格的机构检测认证合格后,方可销售或者提供。"2017 年 6 月,国家互联网信息办公室会同工业和信息化部、公安部和国家认证认可监督管理委员会发布了《网络关键设备和网络安全专用产品目录(第一批)》,将 4 类网络关键设备(路由器、交换机、机架式服务器、PLC 设备)和 11 类网络安全专用产品(数据备份一体机、硬件防火墙、入侵检测系统、入侵防御系统、安全隔离与信息交换产品、安全数据库系统等)纳入安全认证和安全检测对象,列入目录的设备和产品需要按照相关国家标准的强制性要求,由具备资格的机构安全认证合格或者安全检测符合要求后,方可销售或者提供。2018 年 3 月,国家认证认可监督管理委员会、工业和信息化部、公安部、国家互联网信息办公室就联合发布了《关于发布承担网络关键设备和网络安全专用产品安全认证和安全检测任务机构名录(第一批)的公告》,确立了 16 家认证和检测机构。根据管理职责分工,选择认证方式的网络关键设备和网络安全专用产品,安全认证合格后,由认证机构报国家认证认可监督管理委员会;选择检测方式的网络关键设备,安全检测符合要求后,由检测机构报工业和信息化部;选择检测方式的网络安全专用产品,安全检测符合要求后,由检测机构报公安部。国家认证认可监督管理委员会在 2018 年发布、2023 年 8 月修订的《网络关键设备和网络安全专用产品安全认证实施规则》(CNCA-CCIS—2018),规定了开展网络关键设备和网络安全专用产品安全认证的基本原则和要求。2021 年 2 月 20 日,国家市场监督管理总局(国家标准化管理委员会)发布 2021 年第 1 号公告,批准了《网络关键设备安全通用要求》(GB 40050—2021),这是我国网络安全领域为数不多的强制性标准之一,将成为网络关键设备安全认证和安全检测的统一规范。

二、网络安全专用产品检测机构

公安部计算机管理监察部门负责销售许可证的审批颁发工作和安全专用产品功能检测机构的审批工作。地(市)级以上人民政府公安机关负责销售许可证的监督检查工作。经省级以上技术监督行政主管部门或者其授权的部门考核合格的检测机构,可以向公安部计算机管理监察部门提出承担安全专用产品检测任务的申请。

公安部计算机管理监察部门对提出申请的检测机构的检测条件和能力进行审查,经审查合格的,批准其承担安全专用产品检测任务。

检测机构应当履行下列职责:

(1) 严格执行公安部计算机管理监察部门下达的检测任务。

(2) 按照标准格式填写安全专用产品检测报告。

(3) 出具检测结果报告。

(4) 接受公安部计算机管理监察部门对检测过程的监督及查阅检测机构内部验证和审核试验的原始测试记录。

(5) 保守检测产品的技术秘密，并不得非法占有他人科技成果。

(6) 不得从事与检测产品有关的开发和对外咨询业务。

公安部计算机管理监察部门对承担检测任务的检测机构每年至少进行一次监督检查。被取消检测资格的检测机构，两年后方准许重新申请承担安全专用产品的检测任务。

三、网络安全专用产品的检测

网络安全专用产品的生产者应当向经公安部计算机管理监察部门批准的检测机构申请安全功能检测。

在国内生产的安全专用产品，由其生产者负责送交检测；在境外生产国内销售的安全专用产品，由国外生产者指定的国内具有法人资格的企业或单位负责送交检测。

当网络安全专用产品的安全功能发生改变时，安全专用产品应当进行重新检测。

网络安全专用产品送交检测时，应当向检测机构提交以下材料：

(1) 网络安全专用产品的安全功能检测申请。

(2) 营业执照(复印件)。

(3) 样品。

(4) 产品功能及性能的中文说明。

(5) 证明产品功能及性能的有关材料。

(6) 采用密码技术的网络安全专用产品必须提交国家密码管理部门的审批文件。

(7) 根据有关规定需要提交的其他材料。

检测机构收到检测申请、样品及其他有关材料后，应当按照网络安全专用产品的功能说明，检测其是否具有计算机信息系统安全保护功能。

检测机构应当及时检测，并将检测报告报送公安部计算机管理监察部门备案。

四、网络安全专用产品销售许可证的审批与颁发

申领网络安全专用产品销售许可证，应当向公安部计算机管理监察部门提交以下资料：

(1) 营业执照复印件。

(2) 网络安全专用产品检测结果报告。

(3) 防止计算机病毒的安全专用产品须提交公安机关颁发的计算机病毒防治研究的备案证明。

公安部计算机管理监察部门自接到申请之日起，应当在十五日内作出审核决定，审核期限在特殊情况下可延长至三十日；经审查合格的，颁发销售许可证和安全专用产品"销售许可"标记；不合格的，书面通知申领者，并说明理由。

已取得销售许可证的网络安全专用产品，生产者应当在固定位置标明"销售许可"标记。任何单位和个人不得销售无"销售许可"标记的网络安全专用产品。销售许可证只对所申请销售的网络安全专用产品有效。当网络安全专用产品的功能发生改变时，必须重新申领销售许可证。

网络安全专用产品销售许可证自批准之日起两年内有效。期满需要延期的，应当于期满前三十日内向公安部计算机管理监察部门申请办理延期手续。

未经许可出售计算机信息系统安全专用产品的，根据《计算机信息系统安全保护条例》第二十三条的规定："由公安机关处以警告或者对个人处以 5000 元以下的罚款、对单位处以 1.5 万元以下的罚款；有违法所得的，除予以没收外，可以处以违法所得 1 至 3 倍的罚款。"

第三节　网络安全等级保护制度

一、网络安全等级保护制度的概述

网络安全等级保护是指对国家机关、法人和其他组织及公民的专有信息以及公开信息和存储、传输、处理这些信息的信息系统分等级实施安全保护，对信息系统中使用的网络产品实行按等级管理，对信息系统中发生的网络事件分等级响应和处置。实施网络安全等级保护对于确保国家各类信息系统的安全、提升单位对信息系统的安全防护能力、保证国家关键信息基础设施的安全具有重要意义。

我国网络安全等级保护制度自 20 世纪 90 年代开始建立至今，以《网络安全法》的出台为分界线，可以划分为 1.0 时代和 2.0 时代两个阶段。

(一) 网络安全等级保护 1.0 时代

在第一阶段，1994 年国务院颁布了《计算机信息系统安全保护条例》，规定了计算机信息系统实行安全等级保护制度。1999 年《计算机信息系统安全保护等级划分准则》推出，该标准规定了计算机系统安全保护能力的五个等级。2003 年《国家信息化领导小组关于加强信息安全保障工作的意见》明确指出"实行信息安全等级保护"，"要重点保护基础信息网络和关系国家安全、经济命脉、社会稳定等方面的重要信息系统，抓紧建立信息安全等级保护制度，制定信息安全等级保护的管理办法和技术指南。要重视信息安全风险评估工作，对网络与信息系统安全的潜在威胁、薄弱环节、防护措施等进行分析评估，综合考虑网络与信息系统的重要性、涉密程度和面临的信息安全风险等因素，进行相应等级的安全建设和管理。对涉及国家秘密的信息系统，要按照党和国家有关保密规定进行保护。"2007 年公安部、国家保密局、国家密码管理局、国务院信息化工作办公室制定了《信息安全等级保护管理办法》，对于等级划分与保护、等级保护的实施与管理、涉及国家秘密信息系统的分级保护管理、信息安全等级保护的密码管理等具体问题进行了规定。《信息安全等级保护管理办法》将信息系统的安全保护等级按照对国家安全、社会秩序和公共利益的影响程度分为五级，最高一级为第五级。

(二) 网络安全等级保护 2.0 时代

2017 年 6 月 1 日起实施的《网络安全法》首次提出"网络安全等级保护制度"的概念，并按照网络安全等级保护制度的要求对网络运营者需要履行的安全保护义务进行了具体的规定。2018 年 6 月公安部发布了《网络安全等级保护条例(征求意见稿)》，将其作为《网络安全法》的配套规则，向全社会公开征求意见。《网络安全等级保护条例(征求意见稿)》对于网络安全等级保护的工作要求、工作流程、分级管理、密码管理等方面进行了规定。

2019 年 5 月，关于网络安全等级保护的基本要求、测评要求、安全设计技术要求的三个标准发布，即《信息安全技术 网络安全等级保护基本要求》(GB/T22239—2019)、《信息安全技术 网络安全等级保护测评要求》(GB/T28448—2019)、《信息安全技术 网络安全等级保护安全设计技术要求》(GB/T25070—2019)。2020 年 4 月，《信息安全技术 网络安全等级保护定级指南》(GB/T22240—2020)发布。至此，我国网络安全等级保护 2.0 时代的技术标准体系构建完成。

相比网络安全等级保护 1.0 时代，网络安全等级保护 2.0 时代主要发生了四个方面的变化：

(1) 效力位阶提高。网络安全等级保护 1.0 时代的核心制度是作为部门规章的《信息安全等级保护管理办法》，而网络安全等级保护 2.0 时代，作为制度依据的《网络安全法》是效力位阶更高的法律，目前征求意见中的《网络安全等级保护条例(征求意见稿)》则属于行政法规。网络安全等级保护 2.0 时代的法规体系效力位阶明显高于 1.0 时代。

(2) 保护对象扩大。在网络安全等级保护 1.0 阶段，保护对象主要是各类重要信息系统以及政府机关网站。在网络安全等级保护 2.0 时代，保护的对象拓展为网络和信息系统，将网络基础设施、重要信息系统、网站、大数据中心、云计算平台、物联网系统、工业控制系统、公众服务平台、移动互联网等都纳入保护范围。

(3) 主管部门变化。在网络安全等级保护 1.0 时代，由公安机关负责信息安全等级保护工作的监督、检查和指导。国家保密工作部门负责等级保护工作中有关保密工作的监督、检查和指导。国家密码管理部门负责等级保护工作中有关保密工作的监督、检查与指导。涉及其他职能部门管辖范围的事项，由有关职能部门依照国家法律法规的规定进行管理。原国务院信息化工作办公室及地方信息化领导小组办事机构负责等级保护工作部门间的协调。网络安全等级保护 2.0 时代在进一步明确上述部门职责的基础上，规定由中央网络和信息化领导机构统一领导网络安全等级保护工作，国家网信部门负责网络安全等级保护工作的统筹协调。

(4) 等级保护内涵精准化。在网络安全等级保护 2.0 时代之前，等级保护包括五个规定动作，即定级、备案、建设整改、等级测评和监督检查。在网络安全等级保护 2.0 时代，等级保护的内涵更加精准化，风险评估、安全监测、通报预警、事件调查、数据防护、灾难备份、应急处置、供应链安全、效果评价等与网络安全密切相关的措施都被纳入到等级保护制度中。

二、网络安全等级保护制度的原则

根据现行规定，网络安全等级保护的核心是对网络安全分等级、按标准进行建设、管理和监督。网络安全等级保护制度遵循以下基本原则：

(1) 明确责任，共同保护。通过等级保护，组织和动员国家、法人和其他组织、公民共同参与信息安全保护工作；各方主体按照规范和标准分别承担相应的、明确具体的信息安全保护责任。

(2) 依照标准，自行保护。国家运用强制性的规范和标准，要求信息和信息系统按照相应的建设和管理要求，自行定级、自行保护。

（3）同步建设，动态调整。信息系统在新建、改建、扩建时应当同步建设信息安全设施，保障信息安全与信息化建设相适应。因信息和信息系统的应用类型、范围等条件的变化及其他原因，安全保护等级需要变更的，应当根据等级保护的管理规范和技术标准的要求，重新确定信息系统的安全保护等级。等级保护的管理规范和技术标准应按照等级保护工作开展的实际情况适时修订。

（4）指导监督，重点保护。国家指定信息安全监管职能部门通过备案、指导、检查、督促整改等方式，对重要信息和信息系统的信息安全保护工作进行指导监督。国家重点保护涉及国家安全、经济命脉、社会稳定的基础信息网络和重要信息系统，主要包括国家事务处理信息系统(党政机关办公系统)；财政、金融、税务、海关、审计、工商、社会保障、能源、交通运输、国防工业等关系到国计民生的信息系统；教育、国家科研等单位的信息系统；公用通信、广播电视传输等基础信息网络中的信息系统；网络管理中心、重要网站中的重要信息系统和其他领域的重要信息系统。

三、安全等级的划分

《信息安全等级保护管理办法》以及《信息安全技术　网络安全等级保护定级指南》(GB/T22240—2020)规定，国家信息安全等级保护坚持自主定级、自主保护的原则。网络安全保护等级应当根据信息网络、信息系统、网络上的数据和信息等在国家安全、经济建设、社会生活中的重要程度，遭到破坏后对国家安全、社会秩序、公共利益以及公民、法人和其他组织的合法权益的危害程度等因素确定。

网络安全保护等级有五级，从第一级到第五级，逐级增高。

第一级属于等级保护中的最低级别，为自主保护级。这一级别的信息系统及网络一旦遭到破坏，会对相关公民、法人和其他组织的合法权益造成损害，但不危害国家安全、社会秩序和公共利益。等级保护一级一般适用于小型私营企业、个体企业、中小学，乡镇所属的网络信息系统、县级单位中一般的网络信息系统。

第二级属于指导保护级，保护对象为一旦遭到破坏，会对相关公民、法人和其他组织的合法权益造成严重损害，或者对社会秩序和公共利益造成危害，但不危害国家安全的一般网络。这一级别一般适用于县级某些单位中的重要网络信息系统；地级市以上国家机关、企事业单位内部一般的网络信息系统。

第三级属于监督保护级，保护对象为一旦遭到破坏，会对相关公民、法人和其他组织的合法权益造成特别严重损害，或者会对社会秩序和社会公共利益造成严重危害，或者对国家安全造成危害的重要网络。一般适用于地级市以上国家机关、企业、事业单位内部重要网络系统等，包括跨省或全国联网运行的用于生产、调度、管理、指挥、作业、控制等方面的重要信息系统以及这类系统在省、地市的分支系统；中央各部委、省(区、市)门户网站和重要网站等。其中，关键信息基础设施定级不得低于第三级。

第四级为强制保护级，保护对象是一旦受到破坏，会对社会秩序和公共利益造成特别严重危害，或者对国家安全造成严重危害的特别重要网络。这一等级一般适用于国家重要领域、重要部门中的特别重要网络信息系统以及涉及国家安全、国计民生的核心网络信息系统。

第五级为专控保护级，保护对象是一旦受到破坏，会对国家安全造成特别严重危害的极其重要网络。这一等级一般适用于国家重要领域、重要部门中的极端重要网络信息系统。

四、网络安全等级保护安全措施的基本要求

为了实现"保障网络免受干扰、破坏或者未经授权的访问，防止网络数据泄露或者被窃取、篡改"的目标，《网络安全法》第二十一条、第五十九条对于等级保护的安全措施提出基本要求。

(一) 制定内部安全管理制度和操作规程

网络运营者需制定内部安全管理制度和操作规程，确定网络安全负责人，落实网络安全保护责任。内部安全管理制度是网络运营者制定的有关网络安全管理组织架构、人员配备、行为规范、管理责任的规则；操作规程是网络运营者制定的有关人员在操作设备或办理业务时应当遵守的程序或者步骤。

网络运营者应当依照法律、行政法规及网络安全等级保护制度的规定，制定内部安全管理制度和操作规程，细化并落实安全管理义务，对安全管理活动中的主要管理内容建立安全管理制度，对管理人员或操作人员执行的日常管理操作建立操作规程。安全管理制度应通过正式、有效的方式发布，并进行版本控制，应定期对安全管理力度的合理性和适用性进行论证和审定，对存在不足或需要改进的安全管理制度进行修订。

在人员安全管理方面，网络运营者应根据不同保护等级设立信息安全管理工作的职能部门，设立安全主管、安全管理各个方面的负责人岗位，并明确各负责人的职责；应设立系统管理员、网络管理员、安全管理员等岗位，并明确各个工作岗位的职责；应对各类人员进行安全意识教育和岗位技能培训，并告知其相关的安全责任和惩戒措施。

网络安全等级保护的核心是保证不同安全保护等级的对象具有相适应的安全保护能力。《信息安全技术　网络安全等级保护基本要求　第 1 部分：安全通用要求》规定了不同安全保护等级对象的通用管理要求，对安全管理制度、安全管理机构和人员安全管理等提出了不同程度的要求。以安全管理制度岗位设置要求为例，其对二级的安全管理制度岗位设置的要求包括："① 应设立信息安全管理工作的职能部门，设立安全主管、安全管理各个方面的负责人岗位，并定义各负责人的职责；② 应设立系统管理员、网络管理员、安全管理员等岗位，并定义部门及各个工作岗位的职责。"对四级的安全管理制度岗位的设置要求则包括："① 应成立指导和管理信息安全工作的委员会或领导小组，其最高领导由单位主管领导委任或授权；② 应设立信息安全管理工作的职能部门，设立安全主管、安全管理各个方面的负责人岗位，并定义各负责人的职责；③ 应设立系统管理员、网络管理员、安全管理员等岗位，并定义部门及各个工作岗位的职责。"

(二) 采取防范危害网络安全行为的技术措施

为落实网络安全等级保护制度，网络运营者应当采取技术防范措施，防范计算机病毒和网络攻击、网络侵入等网络安全风险。除《网络安全法》外，《计算机信息网络国际联网安全保护管理办法》、公安部发布的《互联网安全保护技术措施规定》等文件中对网络运营者应该采取的技术措施作出了规定。网络运营者应当采取的技术措施包括：安装防病毒软件，防范计算机病毒；安装网络身份认证系统、网络入侵检测系统、网络风险

审计系统等，防范网络攻击、侵入等。整体而言，随着信息网络技术的更新换代，网络侵入、攻击的手段也将千变万化，但以技术措施作为针对危害网络安全行为的首要防范手段的思路不会变。

《信息安全技术 网络安全等级保护基本要求 第1部分：安全通用要求》规定了不同安全保护等级对象的入侵防范要求，如二级要求："① 应遵循最小安装的原则，仅安装需要的组件和应用程序；② 应关闭不需要的系统服务、默认共享和高危端口；③ 应通过设定终端接入方式或网络地址范围对通过网络进行管理的管理终端进行限制；④ 应能发现可能存在的漏洞，并在经过充分测试评估后，及时修补漏洞。"三级要求："① 应在关键网络节点处检测、防止或限制从外部发起的网络攻击行为；② 应在关键网络节点处检测和限制从内部发起的网络攻击行为；③ 应采取技术措施对网络行为进行分析，实现对网络攻击特别是未知的新型网络攻击的检测和分析；④ 当检测到攻击行为时，记录攻击源IP、攻击类型、攻击目的、攻击时间，在发生严重入侵事件时应提供报警。"

(三) 采取网络监测与日志留存的技术措施

网络运营者应配备相应的软硬件监测、记录网络运行状态和网络安全事件，按规定留存网络日志。网络日志是对网络信息系统的用户访问、运行状态、系统维护等情况的记录，对于追溯非法操作、未经授权的访问，维护网络安全以及调查网络犯罪活动意义重大。

日志留存可以帮助获取犯罪分子或犯罪嫌疑人的个人通信数据，协助侦查机关掌握犯罪线索或嫌疑人的行踪，或者可以提前获取犯罪信息，有效预防犯罪。例如，接入服务商留存的用户账号、互联网地址和上下网时间等日志记录，是公安机关开展侦查工作的重要支撑，也是认定网络违法犯罪行为的重要依据。日志是否能及时完整留存，直接影响公安机关侦查办案和落地查证工作。根据《网络安全法》第二十一条规定：网络运营者应当采取监测、记录网络运行状态、网络安全事件的技术措施，并按照规定留存相关的网络日志不少于六个月。这一规定对于追查网络犯罪具有重要意义。

在等级保护标准层面，《信息安全技术 网络安全等级保护基本要求 第1部分：安全通用要求》明确规定了二级的安全审计要求为："① 应提供并启用安全审计功能，审计覆盖到每个用户，对重要的用户行为和重要安全事件进行审计；② 审计记录应包括事件的日期和时间、用户、事件类型、事件是否成功及其他与审计相关的信息；③ 应对审计记录进行保护，定期备份，避免受到未预期的删除、修改或覆盖等；④ 应确保审计记录的留存时间符合法律法规要求。"

(四) 采取数据分类、重要数据备份和加密等措施

网络数据安全对维护国家安全、经济安全，保护公民合法权益，促进数据利用至为重要。网络安全等级保护制度要求网络运营者对数据进行分类，对重要数据采取备份和加密等措施，防止网络数据被窃取或者篡改。

数据分类是按照重要程度等标准对数据进行区分、归类的。我国现行的规范中没有针对数据分类标准的具体规定。《信息安全等级保护管理办法》第二十条规定：国家密码管理部门对信息安全等级保护的密码实行分类分级管理。对于重要数据备份和重要数据的认定问题，《网络安全法》未做具体的界定。《网络安全法》第三十七条规定：关键信

息基础设施的运营者在中华人民共和国境内运营中收集和产生的个人信息和重要数据应当在境内存储。因业务需要，确需向境外提供的，应当按照国家网信部门会同国务院有关部门制定的办法进行安全评估。这一条中关于关键信息基础设施的重要数据出境规定中有"重要数据"的有关规定。《数据出境评估办法》第十九条将"重要数据"界定为：一旦遭到篡改、破坏、泄露或者非法获取、非法利用等，可能危害国家安全、经济运行、社会稳定、公共健康和安全等的数据。由此可以看出《网络安全法》第三十七条中的"重要数据"的识别需要考量的因素包括国家安全、经济发展和社会公共利益。《信息安全技术　数据出境安全评估指南(征求意见稿)》对重要数据进行了进一步的认定。该文件中规定：重要数据是指我国政府、企业、个人在境内收集、产生的不涉及国家秘密，但与国家安全、经济发展以及公共利益密切相关的数据(包括原始数据和衍生数据)。这些数据一旦未经授权披露、丢失、滥用、篡改或销毁，或汇聚、整合、分析后，可能造成以下后果：危害国家安全、国防利益，破坏国际关系；损害国家财产、社会公共利益和个人合法利益；影响国家预防和打击经济与军事间谍、政治渗透、有组织犯罪等；影响行政机关依法调查处理违法、渎职或涉嫌违法、渎职行为；干扰政府部门依法开展监督、管理、检查、审计等行政活动，妨碍政府部门履行职责；危害国家关键基础设施、关键信息基础设施、政府系统信息系统安全；影响或危害国家经济秩序和金融安全；可分析出国家秘密或敏感信息；影响或危害国家政治、国土、军事、经济、文化、社会、科技、信息、生态、资源、核设施等其他国家安全事项。从这一规定中可以看出，数据出境规范中的"重要数据"具有以下特点：第一，重要数据与个人数据并非种属关系，个人数据不属于规范中的重要数据；第二，国家秘密被排除在外，国家秘密的相关规范由其他法律法规进行规定；第三，数据来源为识别要素之一，"重要数据"的来源仅限于境内收集和产生，而不包括来源于境外的数据。

需要注意的是，网络安全等级制度中的"重要数据"与数据出境制度中的"重要数据"略有不同。数据备份、加密与数据出境管理对于国家安全、社会秩序、公共利益以及公民、法人和其他组织的合法权益影响的作用方式有所不同。例如，有些用户信息的出境并不会对国家安全、经济发展和社会公共利益产生不利影响，因此，不属于数据出境管理中的"重要数据"。但是这类数据的备份对于企业自身运营可能具有重大的意义，因此也可能属于网络安全等级保护制度中的"重要数据"。此外，有些数据的备份可能对网络运营者业务自身运营具有重要意义，因此，可能被划分到等级保护中的"重要数据"的范畴，但是此类数据可能因出境对国家安全、经济发展和社会公共利益没有多大影响而被排除在数据出境规范中的"重要数据"的范畴之外。其次，与数据出境中的"重要数据"强调数据境内产生或收集不同，等级保护制度中的"重要数据"并不区分数据的来源。最后，在数据出境的规范中，并未将个人数据纳入重要数据的范畴，而是将个人数据与重要数据分别加以规定和保护。在等级保护制度规定的重要数据加密和备份中并没有另行规定个人数据的保护，鉴于个人数据对于国家、公众或个人的重要意义，等级保护制度中的"重要数据"必然包括个人数据。综上所述，等级保护制度中的"重要数据"的认定应当以保护国家安全、社会秩序、公共利益以及公民、法人和其他组织的合法权益为导向，重点考量数据备份和加密对于网络运营者业务运营的重要意义以及数据不备份、不加密是否会对国家安全、社会秩序、公共利益以及公民、法人和其他组织的合法权益造成不利影响。

网络安全等级保护的核心是保证不同安全保护等级的对象具有相适应的安全保护能

力。以数据备份要求为例，《信息安全技术　网络安全等级保护基本要求　第 1 部分：安全通用要求》规定了不同等级不同强度的数据备份要求。三级数据备份恢复要求为："① 应提供重要数据的本地数据备份与恢复功能；② 应提供异地实时备份功能，利用通信网络将重要数据实时备份至备份场地；③ 应提供重要数据处理系统的热冗余，保证系统的高可用性。"四级数据备份恢复要求为："① 应提供重要数据的本地数据备份与恢复功能；② 应提供异地实时备份功能，利用通信网络将重要数据实时备份至备份场地；③ 应提供重要数据处理系统的热冗余，保证系统的高可用性；④ 应建立异地灾难备份中心，提供业务应用的实时切换。"

值得注意的是，根据《网络安全法》第二十一条的规定，除了制定内部安全管理制度和操作规程，采取防范危害网络安全行为的技术措施，采取网络监测与日志留存的技术措施，采取数据分类、重要数据备份和加密等措施这些明确规定的义务外，法律、行政法规规定的其他义务也是网络运营者需要履行的安全保护义务。例如，根据《计算机信息系统安全保护条例》第九条和《信息安全等级保护管理办法》第十四条规定"对安全保护等级为三级的信息系统每年至少检查一次，对安全保护等级为四级的信息系统每半年至少检查一次"的义务等。

五、网络安全等级保护制度的具体内容

网络安全等级保护制度是由定级、安全建设和改建、测评与整改、备案、监督检查等五个环节共同构成的。

(一) 定级

定级是网络安全等级保护制度实施的首要环节，定级的一般流程包括确定定级对象、专家评审、主管部门核准、公安机关备案审核五个步骤。安全保护等级初步确定为第二级及以上的等级保护对象，其运营者须依据《信息安全技术网络安全等级保护定级指南》(GB/T22240—2020)进行专家评审、主管部门核准、备案审核，最终确定安全保护等级。如果等级保护对象初步确定为第一级，则不需要进行后面三个步骤。确定保护等级之后，所定级别并非一成不变。安全保护等级需要根据网络功能、服务范围、服务对象、处理数据等具体情况的变化进行调整。

(二) 安全建设和改建

网络安全保护等级确定后，运营、使用单位应当按照国家网络安全等级保护管理规范和技术标准，使用符合国家有关规定，满足网络安全保护等级需求的安全技术产品，开展网络安全建设或者改建工作。

在信息系统建设过程中，运营、使用单位应当按照《计算机信息系统安全保护等级划分准则》(GB/T 17859—1999)、《信息安全技术　信息系统安全等级保护基本要求》(GB/T 22239—2008)等技术标准，参照《信息安全技术　信息系统通用安全技术要求》(GB/T 20271—2006)、《信息安全技术　网络基础安全技术要求》(GB/T 20270—2006)、《信息安全技术　操作系统安全技术要求》(GB/T 20272—2019)、《信息安全技术　数据库管理系统安

技术要求》(GB/T 20273—2019)、《信息安全技术 服务器安全技术要求和测评准则》(GB/T 39680—2020)等技术标准同步建设符合该等级要求的信息安全设施。

运营、使用单位应当参照《信息安全技术 信息系统安全管理要求》(GB/T 20269—2006)、《信息安全技术 信息系统安全工程管理要求》(GB/T 20282—2006)、《信息安全技术 信息系统安全等级保护基本要求》等管理规范，制定并落实符合本系统安全保护等级要求的安全管理制度。

(三) 测评与整改

等级保护测评是指具备等级保护测评资质的测评机构依据相关规定，按照等级保护管理规范和技术标准，对非涉及国家秘密网络安全等级保护状况进行检测评估。根据《信息安全等级保护管理办法(试行)》第十四条的规定，第三级信息系统应当每年至少进行一次等级测评，第四级信息系统应当每半年至少进行一次等级测评，第五级信息系统应当依据特殊安全需求进行自查。

等级保护测评主要包括单项测评和整体测评两个阶段。单项测评是对等级保护对象的安全性进行逐项检测和评估，包括物理和环境安全、网络和通信安全、设备和计算安全、应用和数据安全、安全策略和管理制度、安全管理机构和人员、安全建设管理和安全运维管理等方面的内容。单项测评的目的是发现潜在的安全风险和漏洞，为整体测评提供基础数据。整体测评是在单项测评的基础上，对等级保护对象进行全面的安全评估，包括信息系统的安全性、可控性、可靠性和合规性等方面。整体测评的目的是对信息系统的整体安全性能进行综合评价，发现问题并提出相应的整改建议。

(四) 备案

已运营(运行)的第二级以上网络信息系统的运营者应当在安全保护等级确定后 30 日内，由其运营、使用单位到所在地设区的市级以上公安机关办理备案手续。

新建第二级以上信息系统，应当在投入运行后 30 日内，由其运营、使用单位到所在地设区的市级以上公安机关办理备案手续。

隶属于中央的在京单位，其跨省或者全国统一联网运行并由主管部门统一定级的信息系统，由主管部门向公安部办理备案手续。跨省或者全国统一联网运行的信息系统在各地运行、应用的分支系统，应当向当地设区的市级以上公安机关备案。

备案后，公安机关应当对网络信息系统的备案情况进行审核，对符合等级保护要求的，应当在收到备案材料之日起的 10 个工作日内颁发网络信息系统安全等级保护备案证明；发现不符合本办法及有关标准的，应当在收到备案材料之日起的 10 个工作日内通知备案单位予以纠正；发现定级不准的，应当在收到备案材料之日起的 10 个工作日内通知备案单位重新审核确定。

运营、使用单位或者主管部门重新确定网络安全等级后，应当按依法向公安机关重新备案。

(五) 监督检查

受理备案的公安机关应当对第三级、第四级信息系统的运营、使用单位的网络安全等级保护工作情况进行检查。对第三级信息系统应每年至少检查一次，对第四级信息系统则应每半年至少检查一次。对跨省或者全国统一联网运行的网络信息系统的检查，应当会同其主管部门进行。

对第五级网络信息系统，应当由国家指定的专门部门进行检查。

公安机关、国家指定的专门部门应当检查的主要事项包括：

(1) 网络安全需求是否发生变化，原定保护等级是否准确。

(2) 运营、使用单位安全管理制度、措施的落实情况。

(3) 运营、使用单位及其主管部门对网络安全状况的检查情况。

(4) 系统安全等级测评是否符合要求。

(5) 网络安全产品使用是否符合要求。

(6) 网络安全整改情况。

(7) 备案材料与运营、使用单位、信息系统的符合情况。

(8) 其他应当进行监督检查的事项。

公安机关检查发现网络安全保护状况不符合信息安全等级保护有关管理规范和技术标准的，应当向运营、使用单位发出整改通知。运营、使用单位应当根据整改通知要求，按照管理规范和技术标准进行整改。整改完成后，应当将整改报告向公安机关备案。必要时，公安机关可以对整改情况组织检查。

六、违反信息系统分级管理的法律责任

根据《信息安全等级保护管理办法》第四十条、第四十一条的规定：

第三级以上信息系统运营、使用单位违反本办法规定，有下列行为之一的，由公安机关、国家保密工作部门和国家密码工作管理部门按照职责分工责令其限期改正；逾期不改正的，给予警告，并向其上级主管部门通报情况，建议对其直接负责的主管人员和其他直接责任人员予以处理，并及时反馈处理结果：① 未按本办法规定备案、审批的；② 未按本办法规定落实安全管理制度、措施的；③ 未按本办法规定开展系统安全状况检查的；④ 未按本办法规定开展系统安全技术测评的；⑤ 接到整改通知后，拒不整改的；⑥ 未按本办法规定选择使用信息安全产品和测评机构的；⑦ 未按本办法规定如实提供有关文件和证明材料的；⑧ 违反保密管理规定的；⑨ 违反密码管理规定的；⑩ 违反本办法其他规定的。

违反前款规定，造成严重损害的，由相关部门依照有关法律、法规予以处理。

信息安全监管部门及其工作人员在履行监督管理职责中，玩忽职守、滥用职权、徇私舞弊的，依法给予行政处分；构成犯罪的，依法追究刑事责任。

第四节 关键信息基础设施保护制度

一、关键信息基础设施的界定

美国最早开始关注关键基础设施保护，并逐步探索法律保护框架。1996 年 7 月，克林顿政府颁布的第 13010 号行政令《关键基础设施保护》首次提出，关键基础设施不仅面临

物理威胁，也面临该设施信息或通信部分遭受攻击的网络威胁。1998 年 5 月，克林顿政府颁布的《第 63 号总统决策指令》将关键基础设施界定为"物理的或基于网络的、维持经济及政府最低程度运行所必需的系统"。

2001 年 10 月，小布什政府颁布的《美国爱国者法案》(USA PATRIOT Act)将"关键基础设施"定义修改为"对于美国来说极其重要的物理的或虚拟的系统和资产，一旦它们能力丧失或遭到破坏，就会削弱国家安全、国家经济安全或者国家公众健康与安全"。该定义为之后的美国立法所沿用。2013 年，奥巴马政府的《第 21 号总统政策指令》认为关键基础设施涉及通信、信息技术、金融服务、政府设施、交通系统、商业设施、关键制造、能源等 16 个领域。

2016 年 8 月，《关于欧盟共同的高水平网络与信息系统安全措施的指令》正式生效，欧盟各成员国需在 2018 年 5 月 9 日之前将其转化为国内法。指令并没有采用"关键基础设施"的概念，而是使用了"基本服务运营者"的表述。所谓"基本服务运营者"，是指"以提供维续关键社会活动及经济活动为基本服务的主体，该服务的提供依赖于网络和信息系统，网络安全事件会对该服务的提供造成重大的破坏性影响"，涉及能源(电力、石油及天然气) 、运输(航空、铁路、水运及陆运)、银行、金融市场基础设施、医疗卫生、饮用水供应分配以及数字基础设施(互联网交换点、域名系统服务提供者及顶级域名注册) 领域。

作为欧盟成员国的德国于 2015 年 8 月 14 日通过了《加强联邦信息技术安全法》修正案，增加了"关键基础设施"的定义。其定义为"对于德国共同体的运作具有重大意义的设施、设备或者其组成，一旦停止运作或者遭受损害将造成严重的供应紧张或者对公共安全产生严重威胁"，涉及能源、电信、信息技术、交通运输、卫生、食品以及金融保险领域；具体范围由联邦政府以法规命令予以规定，但明确排除了这些领域中的小企业。

可以发现，无论是美国还是欧盟，都将关键基础设施保护上升到维护国家安全和公共安全的高度，在界定"关键基础设施"及其范围时强调国家安全和公共安全，所谓的"关键"，就是指事关国家安全和公共安全。

与前述国际立法相类似，我国的《网络安全法》对于关键信息基础设施的界定也着眼于其对国家安全、公共安全的重要意义，采取了概括加列举的立法技术对其概念进行了界定。我国《网络安全法》第三十一条第一款规定："国家对公共通信和信息服务、能源、交通、水利、金融、公共服务、电子政务等重要行业和领域，以及其他一旦遭到破坏、丧失功能或者数据泄露，可能严重危害国家安全、国计民生、公共利益的关键信息基础设施，在网络安全等级保护制度的基础上，实行重点保护。"2017 年 7 月 10 日，国家互联网信息办公室发布了《关键信息基础设施安全保护条例(征求意见稿)》向社会公开征求意见。根据《关键信息基础设施安全保护条例》第二条的规定：本条例所称关键信息基础设施，是指公共通信和信息服务、能源、交通、水利、金融、公共服务、电子政务、国防科技工业等重要行业和领域的，以及其他一旦遭到破坏、丧失功能或者数据泄露，可能严重危害国家安全、国计民生、公共利益的重要网络设施、信息系统等。

根据前述立法规定，我们可以将关键信息基础设施界定为：所谓关键信息基础设施，是指关系到公共通信和信息服务、能源、交通、水利、金融、公共服务、电子政务等重要行业和领域的安全，一旦遭到破坏、丧失功能或者数据泄露，可能严重危害国家安全、国计民生、公共利益的信息设施。

关键信息基础设施互相关联，构成一个复杂、庞大的动态体系，为国防安全、经济运行提供不可替代的物质和服务。关键信息基础设施一般具有以下特征：

第一，关键信息基础设施为国家正常运转提供必需的产品和服务。关键信息基础设施承载或支撑部门行业关键核心业务，即支撑部门行使职能、行业正常运转，对于部门或行业稳定运行具有战略性作用。国家正常运转所依赖的是产品、服务的不间断可靠供给，而非某个具体的设施。因此，我们要保护的目标不是静态的基础设施，而是关键信息基础设施在社会上担任的角色和发挥的功能所体现出来的核心价值。当所提供的产品和服务对于国家正常运转来说是可广泛替代的，或者不重要时，该设施将不再是关键的。虽然设施相对于服务和产品较易把握和掌控，但设施的关键性不能脱离其支撑业务的关键性。

第二，关键信息基础设施是结构体系中被强依赖的关键节点。关键信息基础设施所承载业务对其他部门或行业核心业务有较大关联性影响。某个基础设施或其某个组件之所以关键是由其在整个基础设施系统中的结构性地位决定的，尤其是当其在其他基础设施或部门之间起着连接渠道的作用时，在结构体系中表现为被强依赖的关键节点。通常关键信息基础设施作为个体，可以应对分散的故障，对于随机故障或局部故障有较强的恢复力，但是在针对关键节点时，在系统性的、重复性的攻击面前异常脆弱。对这类关键信息基础设施的攻击会造成直接的和间接的后果，所产生的破坏通过关联的行业、领域逐渐传递，会造成连锁的严重后果。

第三，关键信息基础设施是高危设施，被攻击可导致直接的破坏后果。化工、核电站等设施在经济部门中扮演着必不可少的角色，但是由于该设施与生俱来的高危特点，存在爆炸、泄露、坍塌、污染等隐患，可造成环境污染、人员伤亡等严重后果，进而影响人民群众的生产生活甚至国家的正常运转。这些新兴信息基础设施的系统特点与传统体系(包括较早的信息基础设施)的系统特点有着本质性区别，它们在规模、连接性和依赖性方面有别于后者。

第四，关键信息基础设施存储或传输的信息数据大量集中或极其敏感。传统金融、地理、人口等信息的关键性毋庸置疑，而随着新业务、新应用的不断涌现，大规模商业数据交易平台等的数据资源，大数据、云计算、移动互联网等聚集的海量信息越来越敏感，一旦被恶意收集分析，就可用来分析经济形势、制造生物武器等。

第五，关键信息基础设施具备象征意义，被攻击和破坏可影响社会稳定。某个基础设施或其某个组件之所以与生俱来就具有关键性意义，取决于它在社会中担任的角色或发挥的功能，相互依赖性问题居于第二位，某些基础设施所固有的象征含义足以使其成为令人感兴趣的目标。

二、关键信息基础设施的认定

《关键信息基础设施安全保护条例》第二章规定：关键信息基础设施涉及的重要行业和领域的主管部门、监督管理部门是负责关键信息基础设施安全保护工作的部门(以下简称保护工作部门)。保护工作部门结合本行业、本领域实际，制定关键信息基础设施认定规则，并报国务院公安部门备案。

制定认定规则应当主要考虑下列因素：

(1) 网络设施、信息系统等对于本行业、本领域关键核心业务的重要程度。

(2) 网络设施、信息系统等一旦遭到破坏、丧失功能或者数据泄露可能带来的危害程度。

(3) 对其他行业和领域的关联性影响。

保护工作部门根据认定规则负责组织认定本行业、本领域的关键信息基础设施，及时将认定结果通知运营者，并通报国务院公安部门。关键信息基础设施发生较大变化，可能影响其认定结果的，运营者应当及时将相关情况报告保护工作部门。保护工作部门自收到报告之日起 3 个月内完成重新认定，将认定结果通知运营者，并通报国务院公安部门。

三、关键信息基础设施保护的义务主体

(一) 行业主管部门

我国《网络安全法》第三十二条规定：各行业、各领域的主管部门承担关键信息基础设施保护的职责。其职责主要包括：编制并组织实施本行业、本领域的关键信息基础设施安全规划，指导和监督关键信息基础设施运营安全保护工作。这既明确了相关主管部门在职权范围内切实履行保护关键信息基础设施的职责，也规定分行业、分领域制定专门保护规划的基本工作方法。

《网络安全法》第三十三条规定：建设关键信息基础设施应当确保其具有支持业务稳定、持续运行的性能，并保证安全技术措施同步规划、同步建设、同步使用。因此，无论是哪个行业和领域的关键信息基础设施，都应当确保其具有支持业务稳定、持续运行的性能，并坚持安全、技术、措施"三同步"的原则，即应该保证安全、技术、措施实现"同步规划、同步建设、同步使用"。

(二) 关键信息基础设施的运营者

关键信息基础设施的运营者是关键信息基础设施保护的义务主体之一。关键信息基础设施的运营者承担着主要的安全维护和保障义务。根据《网络安全法》第二十一条、第三十四至三十八条的规定，其主要职责可以分为日常安全维护职责和特殊安全保护职责。

关键信息基础设施的运营者承担关键信息基础设施的日常安全维护义务。在日常安全维护方面，关键信息基础设施运营者既要遵循网络安全等级保护制度对一般信息系统的安全要求，也要履行更加严格的安全保护义务。前者包括制定内部安全管理制度和操作规程，采取预防性技术措施，监测网络运行状态并留存网络日志以及重要数据备份和加密等。后者包括对"人"的安全义务和对"系统"的安全义务：对"人"的安全义务包括设置专门的管理机构和负责人，对负责人和关键岗位人员进行安全背景审查，定期对从业人员进行教育培训和技能考核；对"系统"的安全义务包括对重要系统和数据库进行容灾备份，制定网络安全事件应急预案并定期组织演练等。此外，对于关键信息基础设施整体安全性和可能存在的风险，关键信息基础设施的运营者还承担着定期检测评估义务。关键信息基础设施的运营者应当自行或者委托网络安全服务机构对其网络的安全性和可能存在的风险每年至少进行一次检测评估，并将检测评估情况和改进措施报送相关负责关键信息基础设施安全保护工作的部门。

关键信息基础设施运营者承担关键信息基础设施的特殊安全保障义务。鉴于关键信息

基础设施的重要性，《网络安全法》对于其供应链安全和数据留存传输作出了特殊规定。《网络安全法》第三十五条规定了关键信息基础设施的运营者采购网络产品和服务，可能影响国家安全的，应当通过国家安全审查。这一审查属于《国家安全法》第五十九条规定的国家安全审查制度的一部分，属于对影响或者可能影响国家安全的"网络信息技术产品和服务"的审查。这一审查由国家网信部门会同国务院有关部门组织实施。此外《网络安全法》第三十六条规定：采购这些网络产品和服务时，关键信息基础设施运营者应当按照规定与提供者签订安全保密协议，明确安全和保密义务与责任。

对于关键信息基础设施运营中收集和产生的公民个人信息和重要业务数据，《网络安全法》第三十七条规定："运营者应当将其存储在我国境内。因业务需要，确需向境外提供的，应当按照国家网信部门会同国务院有关部门制定的办法进行安全评估，通过安全评估的数据才可以向境外提供。当然，如果法律、行政法规另有规定的，应该依照这些特别规定。"

(三) 各级网信部门

国务院工业和信息化部以及地方各级工业和信息化管理部门及地方通信管理局是关键信息基础设施的主管部门。根据《网络安全法》第三十九条、第四十五条的规定，各级网信部门承担统筹协调各有关部门确保关键信息基础设施的安全的职责。其在履行职责过程中可以采取下列措施：

第一，对关键信息基础设施的安全风险进行抽查检测，提出改进措施，必要时可以委托网络安全服务机构对网络存在的安全风险进行检测评估。

第二，定期组织关键信息基础设施的运营者进行网络安全应急演练，提高应对网络安全事件的水平和协同配合能力。

第三，促进有关部门、关键信息基础设施运营者以及有关研究机构、网络安全服务机构等之间的网络安全信息共享。

第四，对网络安全事件的应急处置与恢复等提供技术支持与协助。

此外，《网络安全法》明确规定了国家机关所获取的相关信息用途特定原则。国家网信部门和有关部门在关键信息基础设施保护中获取的信息，只能用于维护网络安全的需要，不得用于其他用途。国家有关部门获取的信息，可能涉及企业商业秘密和个人隐私信息，这一规定明确禁止国家有关部门将获得的信息用于非国家安全目的，有利于避免国家有关部门因泄露相关信息而侵害当事人的合法权益，也有利于鼓励当事人打消顾虑，与有关部门在维护网络安全方面充分展开合作。

四、关键信息基础设施保护的基本制度

(一) 国家安全审查制度

《国家安全法》第五十九条至第六十一条规定：国家建立国家安全审查和监管的制度和机制，对影响或者可能影响国家安全的外商投资、特定物项和关键技术、网络信息技术产品和服务、涉及国家安全事项的建设项目，以及其他重大事项和活动，进行国家安全审查，有效预防和化解国家安全风险。中央国家机关各部门依照法律、行政法规行使国家安

全审查职责，依法作出国家安全审查决定或者提出安全审查意见并监督执行。省、自治区、直辖市依法负责本行政区域内有关国家安全审查和监管工作。《网络安全法》第三十五条规定：关键信息基础设施的运营者采购网络产品和服务时，可能影响国家安全的，应当通过国家网信部门会同国务院有关部门组织的国家安全审查。

关键信息基础设施运营者采购网络产品和服务的国家安全审查制度的具体内容目前尚在制定之中。比较我国现有的外资并购国家安全审查制度，国家对于关键信息基础设施运营者采购网络产品和服务的国家安全审查的主要内容应当包括但不限于以下几个方面：第一，采购活动对于国防安全，包括对国防需要的国内产品生产能力、国内服务提供能力和有关设备设施的影响；第二，采购活动对国家经济稳定运行的影响；第三，采购活动对社会基本生活秩序的影响；第四，采购活动对国家安全关键技术研发能力的影响。

(二) 关键信息基础设施重点保护制度

根据《网络安全法》第二十一条、第三十四条的规定，对于关键信息基础设施除了适用安全等级保护制度之外，还需要适用更为严格的保护制度，这里我们称之为"关键信息基础设施重点保护制度"。根据《网络安全法》第三十四条的规定，关键信息基础设施的运营者还应当对关键信息基础设施采取如下特殊保护措施：

第一，设置专门安全管理机构和安全管理负责人，并对该负责人和关键岗位的人员进行安全背景审查。背景审查，是指用人单位通过合法的调查途径及调查方法，了解待入职人员及在职人员的个人基础信息、过往的工作背景、能力及工作表现，形成对被调查人员的综合评价，是企业在用人环节中必不可少的流程。安全管理负责人和关键岗位人员对于关键信息基础设施的保护起着举足轻重的作用，为了尽可能预防这些人员在工作中出现有违安全保障职责、泄密或者其他危害关键信息基础设施运行安全的行为，关键信息基础设施的运营者在确定安全管理负责人和关键岗位人员之前需要对候选者进行安全背景审查，通过对其过往工作背景、能力、犯罪记录、诚信状况等背景的调查以充分掌握被调查者的能力、职业操守等情况，尽可能避免雇佣风险。

第二，定期对从业人员进行网络安全教育、技术培训和技能考核。信息安全保护技术具有极强的时效性，这就要求从业人员实时更新安全知识和技能，否则将无法应对层出不穷的安全问题。为了保障关键信息基础设施的运行安全，《网络安全法》要求关键信息基础设施的运营者对从业人员定期开展安全教育、技能培训和技能考核，建立常态化的从业人员培训机制。

第三，对重要系统和数据库进行容灾备份。地震、水灾、冰雪、火山爆发等自然灾害以及火灾、电力中断、恐怖袭击、病毒发作及人为破坏等突发事件都有可能导致信息系统瘫痪，造成灾难性后果。容灾备份的目的是在遭遇前述灾害时保证信息系统正常运行，帮助关键信息基础设施连续运行，防止灾难来临时造成数据丢失。从其对系统的保护程度来分，可以将容灾分为数据容灾和应用容灾。数据容灾是指建立一个异地的数据系统，该系统是本地关键应用数据的一个实时复制。所谓应用容灾，是指在数据容灾的基础上，在异地建立一套完整的与本地应用系统相当的备份应用系统(可以是互为备份)，在灾难情况下，远程系统迅速接管业务运行。备份可以分为同城备份和异地备份两类。同城备份，是指将生产中心的数据备份在本地的容灾备份机房中，它的特点是速度相对较快。由于是在本地，因此建议同时做接管。但是它的缺点是一旦发生大灾大难,将无法保证本地容灾备份机房中的数据和系统仍然可用。异地备份是指通过互联网 TCP/IP 协议,将生产中心的数据备份到异地。异地备份要求必须备份到 300 公里以外,并且不能在同一地震带,不能在同地电网,不能在同一江河流域。这样即使发生大灾大难,也可以在异地进行数据回退。对于重要系统和数据库进行容灾备份是预防自然灾害和突发事件来临时造成关键信息基础设施遭到灾难性破坏,无法正常运行的必要手段。

第四,制定网络安全事件应急预案,并定期进行演练。建立网络与信息安全应急工作机制、提高应对网络与信息安全事件的能力、预防和减少网络与信息安全事件对于关键信息基础设施造成的损失和危害、维护国家安全和社会稳定是建立网络安全事件应急预案的目标。除了关键信息基础设施的运营者承担建立网络安全应急预案的法定义务之外,《网络安全法》第五十二条、第五十三条还规定:负责关键信息基础设施安全保护工作的部门承担建立健全本行业、本领域的网络安全监测预警和信息通报制度,并按照规定报送网络安全监测预警信息,制定本行业、本领域的网络安全事件应急预案,并定期组织演练的义务。国家网信部门负有协调有关部门建立健全网络安全风险评估和应急工作机制,制定网络安全事件应急预案,并定期组织演练的法定义务。网络安全事件应急预案包括了对于网络安全事件的分类分级、应急事件处置机构的组织构成与职责、监测预警机制、应急响应机制、恢复重建机制、保障措施、宣传教育、培训和演练机制等内容。

(三) 个人信息和数据的境内存储制度及重要数据跨境安全评估制度

《网络安全法》第三十七条规定:"关键信息基础设施的运营者在中华人民共和国境内运营中收集和产生的个人信息和重要数据应当在境内存储。因业务需要,确需向境外提供的,应当按照国家网信部门会同国务院有关部门制定的办法进行安全评估。"

2022 年 9 月 1 日,由国家互联网办公室制定的《数据出境安全评估办法》正式施行。根据这一规定,数据出境安全评估应重点评估:数据出境和境外接收方处理数据的目的、范围、方式等的合法性、正当性、必要性;出境数据的规模、范围、种类、敏感程度,数据出境可能对国家安全、公共利益、个人或者组织合法权益带来的风险;境外接收方承诺承担的责任义务,以及履行责任义务的管理和技术措施、能力等能否保障出境数据的安全;数据出境中和出境后遭到篡改、破坏、泄露、丢失、转移或者被非法获取、非法利用等的风险,个人信息权益维护的渠道是否通畅等;与境外接收方拟订立的数据出境相关合同或者其他具有法律效力的文件等是否充分约定了数据安全保护责任义务以及其他可能影响数据出境安全的事项。

(四) 关键信息基础设施的风险检测评估机制

《网络安全法》第三十八条、第三十九条及《关键信息基础设施安全保护条例》规定,关键信息基础设施的运营者应当自行或者委托网络安全服务机构对其网络的安全性和可能存在的风险每年至少进行一次检测评估,并将检测评估情况和改进措施报送相关负责关键信息基础设施安全保护工作的部门。同时,国家网信部门应当统筹协调有关部门对关键信息基础设施的安全风险进行抽查检测,提出改进措施,必要时可以委托网络安全服务机构对网络存在的安全风险进行检测评估。

我国对于信息安全风险的管理机制已经初步建立，全国信息安全标准化技术委员会、全国风险管理标准化技术委员会等机构先后出台了《信息安全技术　信息安全风险评估办法》《风险管理　术语》《信息安全技术　信息安全风险实施指南》《工业控制网络安全风险评估规范》《风险管理　风险评估技术》等技术标准。这些技术标准、政策初步建立了我国风险管理工作的基本框架，也为我国进一步建立关键信息基础设施风险管理制度提供了基础。针对关键信息基础设施的风险检测评估制度机制的构建，有学者提出了建立关键信息基础设施风险管理框架、设定安全保护目标、识别关键信息基础设施、评估和分析风险、确定优先保护措施并实施等具体的构建思路。

五、关键信息基础设施保护的法律责任

(一) 关键信息基础设施运营者的法律责任

根据《网络安全法》第五十九条第二款、第六十五条、第六十六条、第七十五条的规定，关键信息基础设施运营者违反网络安全保障义务，依法应当承担相应责任。

第一，关键信息基础设施的运营者不履行《网络安全法》第三十三条、第三十四条、第三十六条、第三十八条规定的网络安全保护义务的，由有关主管部门责令改正，给予警告；拒不改正或者导致危害网络安全等后果的，处十万元以上一百万元以下罚款，对直接负责的主管人员处一万元以上十万元以下罚款。

第二，关键信息基础设施的运营者违反《网络安全法》第三十五条规定的，使用未经安全审查或者安全审查未通过的网络产品或者服务的，由有关主管部门责令停止使用，处采购金额一倍以上十倍以下罚款；对直接负责的主管人员和其他直接责任人员处一万元以上十万元以下罚款。

第三，关键信息基础设施的运营者违反《网络安全法》第三十七条规定的，在境外存储网络数据，或者向境外提供网络数据的，由有关主管部门责令改正，给予警告，没收违法所得，处五万元以上五十万元以下罚款，并可以责令暂停相关业务、停业整顿、关闭网站、吊销相关业务许可证或者吊销营业执照；对直接负责的主管人员和其他直接责任人员处一万元以上十万元以下罚款。

(二) 国家行业主管部门的法律责任

根据《网络安全法》第七十三条第二款的规定，网信部门和有关部门的工作人员玩忽职守、滥用职权、徇私舞弊，尚不构成犯罪的，依法给予行政处分。因此，作为国家行业主管部门的网信部门和有关部门在保障关键信息基础设施安全问题上存在玩忽职守、滥用职权、徇私舞弊，尚不构成犯罪的，依法应当承担相应的行政责任。当然，如果构成犯罪的则依法应当承担相应的刑事责任。

(三) 境外机构、组织、个人的法律责任

《网络安全法》第七十五条规定：境外的机构、组织、个人从事攻击、侵入、干扰、破坏等危害中华人民共和国关键信息基础设施的活动，造成严重后果的，依法追究法律责

任；国务院公安部门和有关部门并可以决定对该机构、组织、个人采取冻结财产或者其他必要的制裁措施。

第五节 网络安全审查制度

所谓网络安全审查，就是对关系国家安全和社会稳定的信息系统中使用的信息技术产品与服务进行测试评估、监测分析、持续监督的过程。

根据《国家安全法》第五十九条以及《网络安全法》第三十五条关于国家安全审查问题的规定，国家互联网信息办公室制定了《网络产品和服务安全审查办法(试行)》，对我国的网络安全审查制度进行了进一步的规定。

一、网络安全审查制度的意义

网络安全审查制度具有以下意义：

第一，有利于维护国家安全和社会公共利益。网络和信息技术产品和服务是否安全、是否可控，事关国家安全，事关中国经济社会健康发展，事关广大人民群众合法权益。由于我国信息技术相对落后，我国企业大量采用外国企业产品，有些行业甚至达到90%以上。在关系到国家安全和社会公共利益的重要信息系统上大量采用外国企业产品无疑会带来安全隐患，网络安全审查制度可以为国家安全和社会公共利益设置一道屏障。通过网络安全审查可以发现网络安全风险和问题，阻止或限制有安全隐患的产品应用到关系国家安全和社会公共利益的关键信息基础设施上，切实维护我国网络安全。

第二，有利于维护用户和消费者的合法权益。长期以来，一些企业和少数国家政府利用自己产品的"单边垄断"和技术"独霸"优势，大肆收集敏感数据，控制消费者，不但严重损害了广大用户的利益，而且对其他国家的网络空间安全造成巨大威胁。对这些产品和服务进行安全审查可以及时发现危害行为，保护我国用户的合法权益。

第三，有利于维护公平的国际贸易环境。有些国家滥用网络安全审查制度，以维护国家安全之名行贸易壁垒之实，阻止某些外国网络产品和服务进入本国市场。我国如果建立起对等的网络安全审查制度，可以作为我国遭遇不公平待遇时的反制裁武器，提高他国滥用网络安全审查制度的成本，从而在一定程度上阻止或减少贸易壁垒的发生，维护公平的国际贸易环境。

二、网络安全审查的对象

根据《网络产品和服务安全审查办法(试行)》第二条的规定，网络安全审查的对象限于关系国家安全的网络和信息系统采购的重要网络产品和服务。因此，网络安全审查并非针对所有的网络产品和服务，而是为了维护国家安全而对特定的网络产品和服务实施的。

三、网络安全审查的主管机关

根据《网络产品和服务安全审查办法(试行)》第五条至第十三条的规定，网络安全审查的领导机构为网络安全审查委员会，网络安全审查的具体工作由第三方机构和网络安全审查专家委员会承担。

首先，网络安全审查的领导机构为网络安全审查委员会。国家互联网信息办公室会同有关部门成立专门负责网络安全审查的网络安全审查委员会，负责审议网络安全审查的重要政策，统一组织网络安全审查工作，协调网络安全审查相关重要问题。网络安全审查委员会内设网络安全审查办公室，具体组织实施网络安全审查。对于金融、电信等重要关键信息基础设施的运营者采购网络产品和服务的国家安全审查则由各专业领域的主管部门负责。

其次，网络安全审查的具体工作由第三方机构和网络安全审查专家委员会承担。我国的网络安全审查坚持企业承诺与社会监督相结合，第三方评价与政府持续监管相结合的原则。国家依法认定网络安全审查第三方机构承担网络安全审查中的第三方评价工作。在第三方评价机构作出评价之后，再由网络安全审查委员会聘请的相关专家组成网络安全审查专家委员会，对网络产品和服务的安全风险及其提供者的安全可信状况进行综合评估。

承担网络安全审查的第三方机构，应当坚持客观、公正、公平的原则，按照国家有关规定，参照有关标准，重点从产品和服务及其供应链的安全性、可控性，安全机制和技术的透明性等方面进行评价，并对评价结果负责。

最后，关系到国家公共通信和信息服务、能源、交通、水利、金融、公共服务、电子政务等重要行业和领域，以及其他关键信息基础设施的运营者采购网络产品和服务的网络安全审查，由相应领域的主管部门组织实施。

四、网络安全审查的标准

根据《网络产品和服务安全审查办法(试行)》第四条的规定，网络安全审查重点审查网络产品和服务的安全性、可控性，主要包括：

(1) 产品和服务自身的安全风险，以及被非法控制、干扰和中断运行的风险。

(2) 产品及关键部件生产、测试、交付、技术支持过程中的供应链安全风险。

(3) 产品和服务提供者利用提供产品和服务的便利条件非法收集、存储、处理、使用用户相关信息的风险。

(4) 产品和服务提供者利用用户对产品和服务的依赖，损害网络安全和用户利益的风险。

(5) 其他可能危害国家安全的风险。

我国的网络安全审查制度尚在建立过程中，对网络安全审查的程序、法律后果等问题尚未制定详细规定。

五、网络安全审查程序

《网络产品和服务安全审查办法(试行)》第八条规定：网络安全审查办公室按照国家有关要求、根据全国性行业协会建议和用户反映等，按程序确定审查对象，组织第三方机构、专家委员会对网络产品和服务进行网络安全审查，并发布或在一定范围内通报审查结果。

结合有关规定，我国的网络安全审查的审查程序基本可以分为六个步骤：

第一步，由国家有关部门、全国性行业协会等向网络安全审查办公室提出审查申请。

第二步，由网络安全审查办公室组织第三方机构和网络安全审查专家委员会准备审查，并向企业告知审查已经启动及相关事项。

第三步，由企业向第三方机构提交审查材料。

第四步，由第三方机构对审查材料进行评价，并将评价结果反馈给企业，同时提交网络安全审查专家委员会。

第五步，由网络安全审查专家委员会根据第三方评价，对网络产品和服务的安全风险及其提供者的安全可信状况进行综合评估，形成审查结论，并将该审查结论反馈给网络安全审查办公室。

第六步，由网络安全审查办公室将审查结果公布或在一定范围内通报。

六、网络安全审查后的后果

网络安全审查办公室应当发布或者在一定范围内通报审查结果，不定期发布对网络产品和服务提供者的安全评估报告。经审查通过的网络产品或服务列入"白名单"，审查不通过的网络产品和服务列入"黑名单"。

第六节　网络安全监测预警与应急处置制度

一、网络安全监测预警制度

《国家网络空间安全战略》明确要求完善网络安全监测预警和网络安全重大事件应急处置机制。《网络安全法》第二十五条、第五十一条、第五十二条、第五十四条、第五十五条不仅确定了网络安全监测预警和信息通报的组织机构及其工作机制，重点强化了关键信息基础设施安全保护领域的网络安全监测预警和信息通报制度，还明确了网络安全风险增大时省级政府有关部门应当采取的网络安全风险评估和预警措施，以及网络运营者的网络安全预警信息发布义务。同时，《网络安全法》第二十六条还列举了网络安全信息的范围，包括系统漏洞、计算机病毒、网络攻击、网络侵入等。

（一）网络安全监测预警概述

1. 网络安全监测预警的概念

网络安全监测预警主要是指采用技术手段针对网络安全风险进行持续性监测，收集相关信息，并对监测数据以及收集的相关信息进行科学的分析和研判，对其中容易导致发生网络入侵、攻击、漏洞等的情况发出紧急信号，报告危险情况，以最大限度地降低网络与信息系统因遭受攻击、入侵等网络安全事件而造成的损害。网络安全监测预警主要涵盖两方面的内容：一是在网络安全事件发生前对诱发因素，即网络入侵、攻击、漏洞等网络安全风险，进行及时、动态以及持续的监测，收集相关信息和数据，并利用一定的技术和手段对收集的信息进行分析和风险评估的过程；二是对网络安全风险监测之后，根据研判的结果确定预警级别，向有关部门和社会公众发出相关警示信息的过程。

2. 网络安全监测预警制度的意义

网络安全监测预警制度是指专门针对网络安全事件，在实时监控各种网络不安定因素的基础上，识别网络风险，综合评估网络安全态势并预测其发展趋势，在可能或已经发生网络安全事件时尽早地发出警报，并提前采取适当措施予以防御或防止损失扩大，将损失降到最低的制度。

面对日益严重的网络安全威胁，加之各种攻击的力度、范围、智能化和持续性日益增长，网络面临的安全威胁呈现出了新态势。在这种环境下，快速而精准的监测预警防御体系的建立对于网络安全来说至关重要。

3. 网络安全监测预警的原则

(1) 预防性原则。

在日常的信息安全管理实务及应对各种网络攻击和恶意程序等的过程中，不难发现，在当前的信息化推进和发展中，一些突发或偶然的安全事件的发生并不是完全没有预兆的，"轻预防、重补救"的思想仍占主流地位。在网络配置、攻击防范、电子认证、访问控制、审计监控、应急流程、数据备份等一系列安全防护中出现的问题，往往是由于在系统规划时安全因素考量不够，或是系统设计中安全防护意识不强，或是系统的建设、应用和管理上，对业务流程、工作规范缺乏安全控制等"先天不足"而造成的，这些风险和隐患"与生俱来"。因此，要将管理重心向前移，将构建主动防护能力的基本要素纳入监测、预警体系，加大前期投资和关注度，发挥专业部门的专门技能，将经验反哺到事前控制环节，减少应急处置需求，降低应急预案启动概率。

(2) 及时高效原则。

网络安全事件的发生，往往来得急而快，且短时间内造成的损失也极为巨大。所以任何一套预警机制都必须保证及时性，一旦突发事件影响扩散，损失就很难挽回。特别是面对紧急突发性事件时必须在第一时间做出反应，实时化预警，对各个控制环节严格把关，实行闭环管理和及时警告，安全高效地应对风险。

(3) 系统监测原则。

要从系统安全和服务保障的需求出发，充分利用各种专业检测设备对网络系统、应用软件等进行实时监控，采集反映网络安全运行环境的各种重要数据、对比参数等，并对其进行统计分析，及时发现内、外部漏洞，识别安全隐患，运用技术手段进行拦截，控制安全态势，保障关键基础设施的安全，营造有序的网络环境。

(二) 网络安全监测的分类

根据中国国家标准化管理委员会和国家市场监督管理总局联合发布的《信息安全技术网络安全监测基本要求与实施指南》第五章第三节的规定，按照监测目标的不同，网络安全监测分为以下四类：

(1) 信息安全事件监测，即对可能或正在损害监测对象正常运行或产生信息安全损失的事件，按照信息安全事件分类、分级要求，进行分析和识别。

(2) 运行状态监测，即对监测对象的运行状态进行实时监测，包括网络流量、各类设备的可用性状态信息等，从运行状态方面判断监测对象信息安全事态。

(3) 威胁监测，即对监测对象的安全威胁进行评估分析，发现资产所面临的信息安全风险。

(4) 策略与配置监测，即按照监测对象既定的安全策略与相关设备或系统的配置信息进行核查分析，并评估其安全性。

(三) 网络安全信息的来源

《国家网络安全事件应急预案》明确要求：各主管部门按照"谁主管谁负责、谁运行谁负责"的要求，组织对本单位建设运行的网络和信息系统开展网络安全监测工作。重点行业主管或监管部门组织指导做好本行业网络安全监测工作。各省(区、市)网信部门结合本地区实际，统筹组织开展对本地区网络和信息系统的安全监测工作。各省(区、市)、各部门将重要监测信息报应急办，应急办组织开展跨省(区、市)、跨部门的网络安全信息共享。因此，网络安全监测预警和信息通报制度所涉及的网络安全信息来源于各有关部门的网络安全监测过程，即网络安全信息的来源主要包括自主监测信息和外部情报信息。

其中，自主监测信息是由国家和地方政府有关部门、网络运营者、关键信息基础设施运营者等采用技术手段在对网络与信息系统进行实时、动态且持续性监控的过程中所获取的网络安全事件及潜在风险的相关信息。该类信息的来源包括：入侵检测和防护系统、安全信息和事件管理产品、防病毒软件和文件完整性检查软件的警报，操作系统、网络、服务和应用的日志等(如异常的网络行为、DNS 日志、防火墙溢出、Web 代理日志、网络/HTTP日志等)。外部情报信息来源于国家网信、公安等政府有关部门，国家互联网应急中心(CNCERT)，网络安全企业、科研机构及公众平台(如国家信息安全漏洞共享平台(CNVD)等)提供的网络安全情报信息。

(四) 网络安全信息收集的内容

根据《网络安全法》《公共互联网网络安全威胁监测与处置办法》《互联网网络安全信息通报实施办法》等的规定，网络安全信息收集的内容主要包括：

(1) 安全事件信息，指关于成功的或未遂的网络攻击的细节信息，包括丢失的信息、攻击中适用的技术、攻击意图、造成的影响等。安全事件所涵盖的范围包括：一次被成功封阻的攻击到造成严重威胁国家安全的攻击。

(2) 威胁信息，指尚未认识清楚但可导致潜在严重影响的事项，包括：门户网站、域名解析服务系统等网络基础设施发生阻断、瘫痪、拥堵、数据泄露、解析异常、域名劫持等异常情况；感染情况，如恶意文件、被窃取的电子邮箱地址、受影响的 IP 地址、恶意代码样本；关于威胁实施者的信息，该类信息有助于发现安全事件，从攻击中吸取教训，拟定解决方案等。

(3) 漏洞信息，指软件、硬件、商业流程中可被恶意利用的漏洞。

(4) 态势感知信息，是指通过技术手段对网络环境进行监测和分析，对能够引起网络态势发生变化的安全要素进行获取、理解、显示以及预测的信息。

(五) 网络安全信息的分析与预警研判

1. 我国网络安全信息分析的现状

《网络安全法》第五十四条规定：网络安全事件发生的风险增大时，省级以上人民政府有关部门应当按照规定的权限和程序，并根据网络安全风险的特点和可能造成的危害，对网络安全风险信息进行分析评估，预测事件发生的可能性、影响范围和危害程度。

《国家网络安全事件应急预案》规定：各省(区、市)、各部门组织对监测信息进行研判，认为需要立即采取防范措施的，应当及时通知有关部门和单位，对可能发生重大及以上网络安全事件的信息及时向应急办报告。各省(区、市)、各部门可根据监测研判情况，发布本地区、本行业的橙色及以下预警。

2. 网络安全信息的分析要求

为了避免"信息孤岛""信息壁垒"等现象的出现，现行的网络安全管理法律法规要求相关部门在履行各自职责的基础上对本部门内部收集的以及来源于外部的网络安全威胁、漏洞和事件信息等网络安全信息进行整合分析。工信部《公共互联网网络安全威胁监测与处置办法》第七条规定：电信主管部门委托国家计算机网络应急技术处理协调中心、中国信息通信研究院等专业机构对相关单位提交的网络安全威胁信息进行认定，并提出处置建议。认定工作应当坚持科学严谨、公平公正、及时高效的原则。

(六) 网络安全信息的通报

根据《网络安全法》第二十五条、第五十一条、第五十二条的规定：网络运营者应当制定网络安全事件应急预案，及时处置系统漏洞、计算机病毒、网络攻击、网络侵入等安全风险；在发生危害网络安全的事件时，立即启动应急预案，采取相应的补救措施，并按照规定向有关主管部门报告。国家建立网络安全监测预警和信息通报制度。国家网信部门应当统筹协调有关部门加强网络安全信息收集、分析和通报工作，按照规定统一发布网络安全监测预警信息。负责关键信息基础设施安全保护工作的部门，应当建立健全本行业、本领域的网络安全监测预警和信息通报制度，并按照规定报送网络安全监测预警信息。

(七) 网络安全预警信息的发布与预警响应

1. 预警信息与预警信息的发布

预警信息是指存在潜在安全威胁或隐患，但尚未造成实际危害和影响的信息，或者对事件信息分析后得出的预防性信息。预警信息报送的内容应包括：信息基本情况描述；可能产生的危害及程度；可能影响的用户及范围；截至信息报送时，已知晓该信息的单位或人员范围；建议应采取的应对措施及建议。

国家网信部门拥有统一面向社会发布网络安全监测预警信息的权力，而省级以上政府有关部门只有在网络安全事件发生的风险增大时，才有权根据风险评估结果，通过政府门户网站、新闻媒体、委托国家互联网应急中心发布等方式及时向社会发布网络安全风险预警以及避免、减轻危害的措施。

2. 预警响应

在发布预警信息后，应及时启动预警响应。《国家网络安全事件应急预案》将网络安全事件预警等级分为四个等级：由高到低依次用红色、橙色、黄色和蓝色表示，分别对应发生或可能发生特别重大、重大、较大和一般网络安全事件。

(1) 红色预警响应。

① 应急办组织预警响应工作，联系专家和有关机构，组织对事态发展情况进行跟踪研判，研究制定防范措施和应急工作方案，协调组织资源调度和部门联动的各项准备工作。

② 有关省(区、市)、部门网络安全事件应急指挥机构实行 24 小时值班，相关人员保持通信联络畅通。加强网络安全事件监测和事态发展信息搜集工作，组织指导应急支撑队伍、相关运行单位开展应急处置或准备、风险评估和控制工作，重要情况报国家网络安全应急办公室(以下简称应急办)。

③ 国家网络安全应急技术支撑队伍进入待命状态，针对预警信息研究制定应对方案，检查应急车辆、设备、软件工具等，确保处于良好状态。

(2) 橙色预警响应。

① 有关省(区、市)、部门网络安全事件应急指挥机构启动相应应急预案，组织开展预警响应工作，做好风险评估、应急准备和风险控制工作。

② 有关省(区、市)、部门及时将事态发展情况报应急办。应急办密切关注事态发展，有关重大事项及时通报相关省(区、市)和部门。

③ 国家网络安全应急技术支撑队伍保持联络畅通，检查应急车辆、设备、软件工具等，确保处于良好状态。

(3) 黄色、蓝色预警响应。

有关地区、部门网络安全事件应急指挥机构启动相应应急预案，指导组织开展预警响应。预警发布部门或地区根据实际情况，确定是否解除预警，及时发布预警解除信息。

二、网络应急处置制度

(一) 网络应急处置制度的概念

网络应急处置制度是指针对突发的网络安全事件，在短时间内迅速启动与之相应等级的应急预案，排除和补救所造成的损失的制度。在网络安全保障工作中，主动性往往掌握在攻击方，只有在应急处理环节，防御方才能主动发挥与攻击相抗衡的能力。

(二) 网络应急处置制度的目标和原则

(1) 积极防御、综合防范。这一原则要求在网络安全防护中，不仅要采取传统的防御措施，如防火墙、入侵检测等，还要采取主动的防御措施，如威胁情报分析、漏洞扫描等，多种手段并用，及时发现和应对网络安全威胁。

(2) 明确责任、分级负责。我国网络安全保护职责的分配涉及多个部门和机构。国家网信部门负责统筹协调网络安全工作和相关监督管理工作，国务院电信主管部门、公安部门和其他有关机关在各自职责范围内负责网络安全保护和监督管理工作。县级以上地方人民政府有关部门的网络安全保护和监督管理职责按照国家有关规定确定。在网络安全应急处置问题上，各部门按照职责和权限，负责本部门、本行业网络和信息系统网络安全事件的预防、监测、报告和应急处置工作。

(3) 落实措施、确保安全。这一原则要求有关部门和网络运营者采取有效的技术措施、管理措施以及合规评估等多种方式确保网络安全。

(三) 网络应急处置组织体系

国家网信部门协调有关部门建立健全网络安全风险评估和应急工作机制，制定网络安全事件应急预案，并定期组织演练。

在通信保障方面，工信部设立了国家通信保障应急领导小组，负责领导、组织、协调互联网网络安全应急工作。

国家计算机网络应急技术处理协调中心(简称"国家互联网应急中心"，英文简称是CNCERT 或 CNCERT/CC)作为国家级应急中心，其主要职责是：按照"积极预防、及时发现、快速响应、力保恢复"的方针，开展互联网网络安全事件的预防、发现、预警和协调处置等工作，维护国家公共互联网安全，保障基础信息网络和重要信息系统的安全运行，开展以互联网金融为代表的"互联网+"融合产业的相关安全监测工作。

(四) 网络应急工作机制

网络应急工作受理流程包括以下几个方面：

(1) 事件投诉。CNCERT 建立了 7×24 小时的网络安全事件投诉机制，国内外用户可通过网站、电子邮件、热线电话、传真四种主要渠道向 CNCERT 投诉网络安全事件。

(2) 事件受理。CNCERT 受理的网络安全事件类型主要包括恶意程序事件、网页篡改事件、网站后门事件、网络钓鱼事件、安全漏洞事件、信息破坏事件、拒绝服务攻击事件、域名异常事件、路由劫持事件、非授权访问事件、垃圾邮件事件、混合性网络安全事件、其他网络安全事件等。

(3) 事件处置。CNCERT 在判定事件证据充分、验证事件属实后，依托与国内外电信运营企业、域名注册服务机构、安全服务厂商等相关单位建立的快速工作机制，实现对网络安全事件的应急处置。

(4) 事件反馈。CNCERT 在上述事件投诉、受理和处置三个环节结束后都将第一时间反馈投诉者，包括收到投诉、是否受理及原因、处置结果等。

(五) 网络安全事件应急预案

国家网信部门协调有关部门制定网络安全应急预案，并定期组织演练。负责关键信息基础设施安全保护工作的部门应当制定本行业、本领域的网络安全事件应急预案，并定期组织演练。网络安全事件应急预案应当按照事件发生后的危害程度、影响范围等因素对网络安全事件进行分级，并规定相应的应急处置措施。

(六) 网络安全事件的分类分级

1. 网络安全事件的分类

《国家网络安全事件应急预案》规定，网络安全事件分为以下七类：

(1) 有害程序事件分为计算机病毒事件、蠕虫事件、特洛伊木马事件、僵尸网络事件、混合程序攻击事件、网页内嵌恶意代码事件和其他有害程序事件。

(2) 网络攻击事件分为拒绝服务攻击事件、后门攻击事件、漏洞攻击事件、网络扫描窃听事件、网络钓鱼事件、干扰事件和其他网络攻击事件。

(3) 信息破坏事件分为信息篡改事件、信息假冒事件、信息泄露事件、信息窃取事件、信息丢失事件和其他信息破坏事件。

(4) 信息内容安全事件是指通过网络传播法律法规禁止信息，组织非法串联、煽动集会游行或炒作敏感问题并危害国家安全、社会稳定和公众利益的事件。

(5) 设备设施故障分为软硬件自身故障、外围保障设施故障、人为破坏事故和其他设备设施故障。

(6) 灾害性事件是指由自然灾害等其他突发事件导致的网络安全事件。

(7) 其他事件是指不能归为以上分类的网络安全事件。

2. 网络安全事件的分级

网络安全事件分为四级：特别重大网络安全事件、重大网络安全事件、较大网络安全事件、一般网络安全事件。

(1) 根据《国家网络安全事件应急预案》，符合下列情形之一的，为特别重大网络安全事件：

① 重要网络和信息系统遭受特别严重的系统损失，造成系统大面积瘫痪，丧失业务处理能力。

② 国家秘密信息、重要敏感信息和关键数据丢失或被窃取、篡改、假冒，对国家安全和社会稳定构成特别严重威胁。

③ 其他对国家安全、社会秩序、经济建设和公众利益构成特别严重威胁、造成特别严重影响的网络安全事件。

(2) 符合下列情形之一且未达到特别重大网络安全事件的，为重大网络安全事件：

① 重要网络和信息系统遭受严重的系统损失，造成系统长时间中断或局部瘫痪，业务处理能力受到极大影响。

② 国家秘密信息、重要敏感信息和关键数据丢失或被窃取、篡改、假冒，对国家安全和社会稳定构成严重威胁。

③ 其他对国家安全、社会秩序、经济建设和公众利益构成严重威胁、造成严重影响的网络安全事件。

(3) 符合下列情形之一且未达到重大网络安全事件的，为较大网络安全事件：

① 重要网络和信息系统遭受较大的系统损失，造成系统中断，明显影响系统效率，业务处理能力受到影响。

② 国家秘密信息、重要敏感信息和关键数据丢失或被窃取、篡改、假冒，对国家安全和社会稳定构成较严重威胁。

③ 其他对国家安全、社会秩序、经济建设和公众利益构成较严重威胁、造成较严重影响的网络安全事件。

(4) 除上述情形外，对国家安全、社会秩序、经济建设和公众利益构成一定威胁、造成一定影响的网络安全事件，为一般网络安全事件。

(七) 网络安全应急处置措施

1. 事前处置措施

网络安全事件发生的风险增大时，省级以上人民政府有关部门应当按照规定的权限和程序，并根据网络安全风险的特点和可能造成的危害，采取下列措施：

(1) 要求有关部门、机构和人员及时收集、报告有关信息，加强对网络安全风险的监测。

(2) 组织有关部门、机构和专业人员，对网络安全风险信息进行分析评估，预测事件发生的可能性、影响范围和危害程度。

(3) 向社会发布网络安全风险预警，发布避免、减轻危害的措施。

2. 事中处置措施

发生网络安全事件，应当立即启动网络安全事件应急预案，对网络安全事件进行调查和评估，要求网络运营者采取技术措施和其他必要措施，消除安全隐患，防止危害扩大，并及时向社会发布与公众有关的警示信息。

省级以上人民政府有关部门在履行网络安全监督管理职责中，发现网络存在较大安全风险或者发生安全事件的，可以按照规定的权限和程序对该网络的运营者的法定代表人或者主要负责人进行约谈。网络运营者应当按照要求采取措施，进行整改，消除隐患。

因网络安全事件，发生突发事件或者产生安全事故的，应当依照《中华人民共和国突发事件应对法》《中华人民共和国安全生产法》等有关法律、行政法规的规定处置。

根据《网络安全法》第五十八条的规定，因维护国家安全和社会公共秩序，处置重大突发社会安全事件的需要，经国务院决定或者批准，可以在特定区域对网络通信采取限制等临时措施。

【案例讨论】

1. 2017 年 7 月 20 日，广东汕头网警支队在对该市网络安全等级保护重点单位进行执法检查时发现，汕头市某信息科技有限公司于 2015 年 11 月向公安机关报备的信息系统安全等级为第三级，经测评合格后投入使用，但 2016 年至今未按规定定期开展等级测评。

请根据网络安全等级保护制度的要求分析汕头市某信息科技有限公司的法律责任。

2. 俄罗斯 APT 黑客组织"蜻蜓"入侵美国电网。

在黑客攻击关键基础设施的年代，电力公司网络上任何恶意软件感染事件都足以引起恐慌。但现实是，这种针对电力网络的渗透活动正在进一步加剧。某日，赛门铁克安全公司警告称，一系列新的黑客攻击活动不仅能够损害美国和欧洲的能源公司，还允许攻击者获得访问电网系统的权限，进而控制美国领土上的电力系统，致使其全面停电。赛门铁克公司还揭示了一个新的攻击组织活动，并将其称为"蜻蜓 2.0"(Dragonfly 2.0)。据悉，该组织在当年春天和夏天已经针对数十家能源公司实施攻击活动。赛门铁克表示，在超过 20

个攻击案例中，黑客都成功入侵了目标企业的网络。而在针对少数几家美国电力公司和至少一家土耳其公司的攻击活动中，赛门铁克取证分析专家发现，黑客还获得了所谓的"操作访问权限"，即控制电力公司工程师用来发送实际命令的接口，由此控制美国家庭和企业的电力流。

赛门铁克安全分析师 Eric Chien 指出，至今没有黑客组织申明具备控制美国电力公司系统的能力，唯一可以比较的情况就是乌克兰国家发生的电网攻击事件，这是已知的由黑客攻击造成的大面积停电事件。

其实在乌克兰电网事件中，像 FireEye 和 Dragos 这样的安全公司都已经将嫌疑人锁定为"沙虫"(Sandworm)黑客小组，并坚称其来自俄罗斯。但是 Eric Chien 却表示，赛门铁克公司并未发现"沙虫"组织与入侵活动之间存在联系。所以，其实一开始，赛门铁克也没有直接将针对美国电力公司的一系列攻击活动(包括研究人员在当年 7 月份发现的针对堪萨斯核设施进行攻击的俄罗斯黑客组织 Palmetto Fusion)与"Dragonfly 2.0"联系到一起。

但是很快地，Eric Chien 注意到，Palmetto Fusion 黑客组织的攻击时间线(Dragonfly 被发现后在 2014 年末突然消失，Palmetto Fusion 则在 2015 年初始开启攻击)和描述与发现的"蜻蜓"组织存在吻合之处。Eric Chien 表示，这不太可能是一个偶然，虽然 Palmetto Fusion 入侵的是核电厂，而赛门铁克追踪到 Dragonfly 的入侵目标只是非核能公司，但是其对联网的 IT 网络和操作访问的控制并没有明显区分。

在最近的成功案例中(包括针对美国和土耳其的一些电力公司的攻击)，赛门铁克认为，攻击者目前的渗透能力已经足以截获实际的控制面板，操纵电力系统的操作，从而展示其破坏电网的能力。赛门铁克研究人员表示，如果你想要实施破坏行动，你可以查看控制面板来决定自己下一步的动作，简单来说就是随意拨动某些开关，就可以轻松控制电力操作。

如果说这些黑客确实有能力造成美国大范围停电，那么他们为什么没有这么做呢？Eric Chien 认为，他们确实会造成大面积电力中断，但是他们在等待最佳的战略时机。比如，一旦发生武装冲突，或是其他潜在威胁，使美国停电将阻止其对另一个国家的关键基础设施实施攻击活动。Eric Chien 说，如果这些攻击是来自另一个民族国家，那么这种攻击形式将只会伴随着政治事件出现。

请结合案例谈一谈你对关键信息基础设施保护制度的认识。

【课后思考】

1. 请从关键信息基础设施保护制度出发思考关键信息基础设施的保护机制构建。
2. 实例分析。

江民公司"逻辑炸弹"事件

江民公司是一家防治计算机病毒的专业公司，其研发的 KV300 系列防杀计算机病毒软件销售异常红火，但是饱受盗版之苦。为了保护自己的产品，1997 年，江民公司推出了 KV300L++ 版，其附带有逻辑锁的反盗版技术措施，可以对盗版软件使用者的计算机硬盘加锁。凡是在 MK300V4 制作的仿真盘(盗版盘)上执行 KV300L++ 的用户硬盘数据均被破坏，同时硬盘被锁，软硬盘皆不能启动。KV300逻辑炸弹可以造成电脑软硬盘都不能启动的现象，当时在电脑界引起轰动。

对于这种做法是否合理的问题，各方都争论不休。江民公司当时表示，逻辑炸弹只会锁住盗版用户的电脑，对通过正规渠道升级 KV300 L++ 的用户不会有任何影响，自己的做法无可厚非，是打击盗版的措施。但是也有正版用户因为操作失误等问题被锁住了电脑。

最后，公安部门认定江民公司此行为属于故意输入有害数据危害计算机信息系统安全，并根据《中华人民共和国计算机信息系统安全保护条例》第二十三条之规定，对其处以 3000 元人民币的罚款。

请问：你如何看待江民公司的行为？试从网络运行安全法律制度出发评析江民公司的行为。

3. 分析思考题。

网络实名制与可信身份战略

网络空间身份的虚拟性使得网上违法、犯罪的成本很低，而侦查、取证的成本很高，给商业信用的维护、社会的稳定以及国家安全带来了新的挑战。我国《网络安全法》第二十四条规定：网络运营者为用户办理网络接入、域名注册服务，办理固定电话、移动电话等入网手续，或者为用户提供信息发布、即时通信等服务，在与用户签订协议或者确认提供服务时，应当要求用户提供真实身份信息。用户不提供真实身份信息的，网络运营者不得为其提供相关服务。国家实施网络可信身份战略，支持研究开发安全、方便的电子身份认证技术，推动不同电子身份认证之间的互认。这一规定正式确立了我国网络实名制与可信身份战略。

在《网络安全法》出台之前，我国已经着手建立网络实名制制度。2012 年全国人大常委会发布的《关于加强网络信息保护的决定》第六条规定了网络服务提供者为用户办理入网手续或提供信息发布服务时应当进行实名认证。2013 年，工信部发布的《电话用户真实身份信息登记规定》要求电信业务经营者为用户办理入网手续应当进行实名认证。2015 年，网信办发布的《互联网用户账号名称管理规定》明确规定了互联网信息服务"后台实名、前台自愿"原则，要求互联网信息服务使用者通过真实身份信息认证后注册账号。《反恐怖主义法》第二十一条规定了电信、互联网等业务经营者、服务提供者，应当对客户身份进行查验，对身份不明或者拒绝身份查验的，不提供服务。

为配合《网络安全法》的实施，国家互联网信息办公室在 2017 年颁布的《互联网新闻信息服务管理规定》《互联网用户公众账号信息服务管理规定》《互联网群组信息服务管理规定》《互联网论坛社区服务管理规定》和工信部颁布的《互联网域名管理办法》等均规定了网络实名制。

请分析网络实名制的利弊。

第四章
网络信息内容安全法律制度

【本章重点】

1. 网络信息内容安全的内涵。
2. 网络运营者信息内容安全义务的内容。

第一节　概　述

一、网络信息内容安全的含义

互联网是一个信息存储和交流的平台，每时每刻都有大量的信息在网络上上传、下载。互联网提供的海量信息给人们的学习和工作提供了极大的便利，为社会创造了巨大的经济和社会效益，但同时，互联网也给社会带来了极大的负面影响，比如大量的淫秽色情信息、暴力信息、欺诈信息、网络谣言、垃圾邮件等非法不良信息充斥网络，严重危害了网民和社会公众的利益。有鉴于此，除了传统的网络信息安全之外，网络信息内容安全越来越受到世界各国政府部门的重视，对非法有害网络信息的治理成为人们无法回避的重要课题。

过去国际社会认为信息安全不包括内容安全，因为内容安全问题是社会行为问题，既不破坏系统设备，也不损害软件运行，跟技术无关。到了 21 世纪，随着网络能力的扩张和网络应用的深入，人们对网络形成了严重的依赖，网络不再是一个简单的虚拟社会，出现了虚拟社会现实化和现实社会虚拟化倾向。网络上的信息与人们现实生活息息相关，网络信息内容安全问题逐渐为人们所重视，并通过立法对其进行规范。我国非常重视网络内容安全；《刑法》《治安管理处罚法》《互联网信息服务管理办法》等法律法规均强调网络内容安全。《全国人民代表大会常务委员会关于加强网络信息保护的决定》第五条规定："网络服务提供者应当加强对其用户发布的信息的管理，发现法律、法规禁止发布或者传输的信息的，应当立即停止传输该信息，采取消除等处置措施，保存有关记录，并向有关主管部门报告。"

在学者中，对网络信息内容安全的定义，主要有以下几种观点：

史艾武等认为网络信息内容安全是随着互联网出现和广泛应用才出现的一个计算机安全术语。它泛指一切有关进入和离开公司(或个人)网络的信息内容的安全。它包括监控互联网访问和消息应用的多种技术。其根本目标为：一是禁止或消除不适当的内容(如垃圾邮件)进入用户网络；二是防止公司或个人的敏感信息或数据泄露给外界。当前内容安全的威胁主要是由垃圾邮件、间谍软件、广告软件、即时通信以及 P2P 文件共享带来的。

杨义先教授认为网络信息内容安全是跟随内容产业出现的。其宗旨在于防止非授权的信息内容进出网络，具体包含：政治性方面防止来自国内外反动势力的攻击、诬陷与西方的和平演变图谋；健康性方面剔除色情、淫秽和暴力内容等；保密性方面防止国家和企业机密被窃取、泄露和流失；隐私性方面防止个人隐私被盗取、倒卖、滥用和扩散；产权性方面防止知识产权被剽窃、盗用等；防护性方面防止病毒、垃圾邮件、网络蠕虫等恶意信息耗费网络资源。

钟义信教授认为网络信息内容安全直接发生在信息的内核——"内容"层次上，这是它与"基于密码学的信息安全问题"的最大区别，后者只对信号的"形式"进行处理，不需要理解信息的"内容"。

李秀英等认为网络信息内容安全主要是直接保护系统中传输和存储的数据，主要通过对信息和内容本身进行变形和变换，或者对具体的内容进行检查来实现。内容安全所包括的典型技术有：加密、防病毒、内容过滤等。

中国工程院方滨兴院士对网络信息内容安全的定义是：对信息在网络内流动中的选择性阻断，以保证信息流动的可控能力。在此，被阻断的对象可以是：通过内容能判断出来的可对系统造成威胁的脚本病毒；因无限制扩散而导致消耗用户资源的垃圾类邮件；危害儿童成长的色情信息；导致社会不稳定的有害信息等。

以上关于网络信息内容安全的定义只是若干定义中的一些具有代表性的，能代表国内学术界对内容安全的基本认识。也可以看出，上述定义只是描述不同，着力点不同，钟义信教授和方滨兴教授对内容安全的理解相对更完整。

二、我国网络信息内容监管现状

(一) 立法进程

我国高度重视网络和信息安全工作，成立了国家网络与信息安全协调办公室，并将互联网内容作为专项整治内容之一。我国没有制定专门的互联网信息内容安全管理法律规范，而是将涉及互联网信息内容安全管理的立法内容渗透、融入相关的法律、行政法规和部门规章中。

1997 年 12 月 16 日，国务院批准《计算机信息网络国际联网安全保护管理办法》，首次正式规定严格禁止利用国际联网危害国家安全、传播不良信息和进行计算机网络系统攻击等行为，并且明确了对违反规定者的处罚措施。2000 年 9 月 25 日，国务院公布《互联网信息服务管理办法》，对传播内容提出一些限制性规定。2000 年 12 月 28 日，《全国人民代表大会常务委员会关于维护互联网安全的决定》发布，该决定强调司法机关和有关政府机关、主管部门要依法履行职责，网络公司要依法经营，要动员全社会的力量对互联网进行综合管理。2002年8月1日，新闻出版总署和工信部(原信产部)联合颁布《互联网出版管理暂行规定》。该《规定》要求互联网出版内容不得含有违反社会公德和违法犯罪行为的内容。2003年7月1日，文化部发布《互联网文化管理暂行规定》，把网络游戏、音像制品在线销售、网上点播、网上艺术品拍卖等新兴的文化生活方式纳入规范管理范畴。2004年7月6日，广电总局发布《互联网等信息网络传播视听节目管理办法》。2005年9月25日，国务院新闻办、工信部(原信产部)联合发布《互联网新闻信息服务管理规定》，对互联网新闻信息服务单位从事互联网新闻信息服务的相关行为进行了规范。

为净化移动信息，2005年9月26日，工信部(原信产部)发布"关于进一步加强移动通信网络不良信息传播治理的通知"。2005年12月13日，公安部发布了《互联网安全保护技术措施规定》，对互联网服务提供者、联网使用单位落实相应的安全保护技术措施作出了具体规定。2006年5月18日，国务院颁布《信息网络传播权保护条例》，该条例规范了信息网络引发的著作权法律问题。

《2006—2020年国家信息化发展战略》指出："建设积极健康的网络文化。倡导网络文明，强化网络道德约束，建立和完善网络行为规范，积极引导广大群众的网络文化创作实践，自觉抵御不良内容的侵蚀，摈弃网络滥用行为和低俗之风，全面建设积极健康的网络文化。"

另外，在内容安全领域，国家网信办陆续制定了《互联网直播服务管理规定》《互联网跟帖评论服务管理规定》《微博客信息服务管理规定》等规范性文件，对直播、论坛跟帖、微博客等相关领域的网络信息内容安全进行规制。2019年国家网信办颁布了《网络信息内容生态治理规定》，该规定将网络信息内容划分为优良信息、违法信息和不良信息三类，并规定了针对违法信息、不良信息的治理机制。针对信息茧房、网络沉迷、大数据杀熟、流量造假等破坏网络生态的乱象，2021年9月国家网信办又联合多部门出台了《关于加强互联网信息服务算法综合治理的指导意见》《互联网信息服务算法推荐管理规定》，针对算法推荐作出了专门性规定。

(二) 各种整治活动

20世纪90年代，由于网民少，国家没有出台专门的内容监管政策。1998年8月，公安部正式成立公共信息网络安全监察局。2004年后，互联网内容监管跨入新阶段，政府运用各项管理技能，调动各种组织和社会资源，以立法、技术和行政手段三重推进的方式，形成了立体监管体系。2001年，中国互联网协会成立。2004年6月，该协会出台了《中国互联网行业自律公约》，同年6月10日，中国互联网"违法和不良信息举报中心"成立。2006年2月，工信部(原信产部)启动了"阳光绿色网络工程"，倡导网络文明，通过构建和谐的网络环境推进和谐社会的建设。2007年8月，中国互联网协会发布《博客服务自律公约》，旨在通过行业自律的形式，推动博客用户和博客服务提供商以协议规范双方责权。

同时，国家开展了多次专项行动，严厉打击网络淫秽色情违法犯罪，铲除淫秽色情网站利益链条，取得了较好的成效。2009年1月5日，国务院新闻办等九部委联合在全国开展整治互联网低俗之风专项行动。为了配合整治行动，国家对"淫秽""色情""低俗"的内涵进行了界定。

2009 年 8 月至 10 月，公安部等九部委在全国范围内组织开展打击整治网络淫秽色情专项行动，深入整治与网络淫秽色情利益链有关的网络接入服务商、网络广告商和第三方支付企业。2009 年 11 月 17 日，全国"扫黄打非"工作小组办公室下发了《关于严厉打击手机网站制作、传播淫秽色情信息活动的紧急通知》，对手机网站制作传播有害信息进行专项治理，以保护青少年身心健康。

2018 年以来，相关部门加大网上"扫黄打非"工作力度，深入开展"净网 2018"行动。各地全面开展监测和清查，及时处置淫秽色情等有害信息的发布传播情况，督促主要互联网企业落实主体责任，加强内容审核，主动清理有害信息，从快从严查办了一大批网络行政或刑事案件。据统计，2018 年 1 月至 4 月，各地共处置淫秽色情等有害信息 175 万余条，取缔、关闭淫秽色情网站 2.2 万余个，查办淫秽色情信息案件 390 余起。

2019 年 1 月，网络生态治理专项行动正式启动，该专项行动持续开展了 6 个月。此次网络生态治理专项行动对各类网站、移动客户端、论坛贴吧、即时通信工具、直播平台等重点环节中的淫秽色情、低俗庸俗、暴力血腥、恐怖惊悚、赌博诈骗、网络谣言、封建迷信、谩骂恶搞、威胁恐吓、标题党、仇恨煽动、传播不良生活方式和不良流行文化等 12 类负面有害信息进行整治，促进网络生态空间更加清朗。

自 2021 年起，国家互联网信息办公室每年部署开展一次"清朗"专项治理行动，其任务包括整治网上历史虚无主义、整治春节期间的网络环境、打击网络水军流量造假黑公关、治理算法滥用行为、整治未成年人网络环境和教育环境，还有整治网上文娱及热点排行乱象，整治通过刷单、炒单、虚假流量进行商业运营的行为，规范网站账号运营，整治 PUSH 弹窗等在内的各种网络乱象。

总体来看，我国互联网信息内容安全监管是由国务院统筹协调，结合各部门的权限与职能特点，设立专门机构进行监管的。各互联网信息内容安全管理部门根据本部门业务的特点和网络安全的实际情况与发展的需要制定相关规定。另外，我国现有的法律法规中，虽然没有将行业协会纳入互联网信息内容安全管理主体的范围，但是实践中我国的行业协会在互联网信息内容安全管理中正发挥着越来越重要的作用。

三、网络违法信息的范围

《电信条例》第五十六条规定，任何组织或者个人不得利用电信网络制作、复制、发布传播非法信息。根据《互联网信息服务管理办法》第十五条的规定，"非法信息"包括：

(1) 反对宪法所确定的基本原则的。
(2) 危害国家安全，泄露国家秘密，颠覆国家政权，破坏国家统一的。
(3) 损害国家荣誉和利益的。
(4) 煽动民族仇恨、民族歧视，破坏民族团结的。
(5) 破坏国家宗教政策，宣扬邪教和封建迷信的。
(6) 散布谣言，扰乱社会秩序，破坏社会稳定的。
(7) 散布淫秽、色情、赌博、暴力、凶杀、恐怖或者教唆犯罪的。
(8) 侮辱或者诽谤他人，侵害他人合法权益的。
(9) 含有法律、行政法规禁止的其他内容的。

此外，《互联网新闻信息服务管理规定》《互联网文化管理暂行规定》《互联网视听节目服务管理规定》等部门规章也对规制上述非法信息进行了重申和明确。

《网络安全法》第十二条进一步完善了相关表述，即任何个人和组织不得利用网络从事危害国家安全、荣誉和利益，煽动颠覆国家政权、推翻社会主义制度，煽动分裂国家、破坏国家统一，宣扬恐怖主义、极端主义，宣扬民族仇恨、民族歧视，传播暴力、淫秽色情信息，编造、传播虚假信息扰乱经济秩序和社会秩序，以及侵害他人名誉、隐私、知识产权和其他合法权益等活动。

四、监管体制

(一) 监督管理主体

我国接入互联网以来，一直由各领域的主管部门负责各自领域的网络信息内容管理。例如，文化部负责网络游戏等互联网文化产品的信息内容管理，教育部负责教育网络的信息内容管理，卫生和计划生育委员会负责药品信息内容管理，国务院新闻办公室负责互联网新闻的信息内容管理，国家新闻出版广电总局负责互联网出版、互联网视听节目的信息内容管理，公安部负责打击互联网信息违法犯罪行为等。

2014 年 8 月，为促进互联网信息服务健康有序发展，保护公民、法人和其他组织的合法权益，维护国家安全和公共利益，国务院授权重新组建的国家互联网信息办公室负责全国互联网信息内容管理工作，并负责监督管理执法。这样一来，我国针对互联网信息内容的监管体制形成了"1+X"模式，即国家互联网信息办公室在总体上负责互联网信息内容管理，各部委同时在各自职责范围内负责相应领域的互联网信息内容管理。

(二) 监督管理的措施

至于监管手段，国外一般用技术手段对内容进行监控，采取分级管理的办法，封堵、过滤非法有害信息。我国目前还未实行内容分级管理。

目前，常用的过滤手段分为两类：一类是基于网络爬虫或搜索引擎的主动监测系统；另一类是基于关键词过滤的被动防御技术。随着技术的发展，关键词过滤已经不仅针对文本，还可以针对图像、声音、视频，甚至出现了智能过滤技术。2017 年，Google 宣布将使用更多的机器学习和人工智能技术甄别极端视频，并提供数据表明，人工智能(AI)在 75% 的情况下，都能比人类先甄别极端视频。

第二节　网络运营者的网络信息内容安全义务

网络运营者，特别是大型网络服务提供者，往往拥有上亿的海量用户，它们是网络治理的关键性主体，它们所经营的网络平台是网络社会中最重要的节点，向上面对政府，向下面对市场和网络用户。我国网络管理主张"谁运营谁负责""谁接入谁负责"，强调网络运营者的"主体责任"，要求网络运营者对其运营的网站和提供的网络服务承担信息安全义务。

一、网络运营者的网络信息安全义务之演进

在传统的现实社会中，企业只负责管理自己内部的事务，只对自己实施的行为负责；公共领域的事务则由政府负责管理。这种公私分明的管理模式也延伸到了互联网发展初期的网络空间。那时，人们认为互联网仅是一项新的信息技术，网上主要是门户网站，网络上的信息主要由网络服务提供者提供，网民上传的信息很少。作为网络服务提供者的网络平台只对自己提供的信息服务承担责任，对他人上传的信息则不承担责任。这就好比高速公路公司只负责公路本身的安全和维护，对于在路上跑的汽车以及汽车上装载的货物则无权管理，也不用负责。

随着互联网的发展和普及，互联网吸引了越来越多的用户，借助于各种网络应用程序，互联网的信息聚散能力越来越强大，不可避免地打破了传统的利益平衡，给其他人(如版权人)的权利造成严重的威胁，传统的诉讼手段和行政执法方式难以应对大量、普遍发生的盗版等违法问题，权利人要求网络服务提供者应当有所作为，负起一定的责任；同时，网络经济尚处于发展期，不能对网络服务提供者苛以过重的责任。有鉴于此，美国于 1998 年出台了《数字千年版权法》(Digital Millennium Copyright Act，DMCA)，规定了"避风港规则"和"红旗规则"，对网络服务提供者的责任进行限定。"避风港规则"的基本含义是：如果网络服务提供者使用信息定位工具(包括目录、索引、超文本链接、在线存储网站等)涉嫌侵犯他人的著作权，在网络服务提供者能够证明自己不存在恶意，也未从该网络服务商有权利和义务进行干预的侵权行为中直接得到经济利益，并且在知道侵权事实或接到侵权通知后及时删除侵权信息或者断开有关信息链接的情况下，网络服务提供者不承担赔偿责任。"红旗规则"是"避风港规则"的例外，就是说，如果网络平台上的侵权内容是显而易见的，就像迎风招展的红旗一样引人注目，网络服务提供商就不能装作看不见或者以不知道侵权事实为由来推脱责任；在这种情况下，网络服务商有义务直接删除相关内容或断开链接，无须他人告知，否则要承担相应责任。我国《民法典》第 1195～1197 条、《消费者权益保护法》第四十四条、《信息网络传播权保护条例》《最高人民法院关于审理侵害信息网络传播权民事纠纷案件适用法律若干问题的规定》《最高人民法院关于审理利用信息网络侵害人身权益民事纠纷案件适用法律若干问题的规定》等法律、法规和司法解释也引入了"避风港规则"和"红旗规则"，对网络服务提供者的网络信息审查义务和责任进行了限制，网络服务提供者对网络信息安全问题只负担被动处置义务。

随着网络虚拟空间与现实空间的进一步融合，网络空间已经成为现实空间的延伸和重要组成部分。互联网不再仅仅是一项信息技术，而是演变成了全球性媒体、国际性网络社会。网络经济也形成了成熟的营利模式，网络空间演变成了一个世界性市场。网络信息安全问题日益突出，国家也逐渐赋予网络运营者更多的安全管理义务和责任。网络运营者不能再被动地等到"红旗扑面而来"才猛然发现违法信息，而是应当主动进行公共信息巡查和处理，未尽到网络信息安全义务的，将承担法律责任。我国《网络安全法》进一步明确了网络运营者的网络信息安全义务，正式开启了网络运营者应主动承担网络信息安全义务的时代。

二、网络运营者负担网络信息安全义务的必要性

在网络空间，网络运营者要比普通企业承担更多的安全义务，这主要是因为传统的政府管理在网络空间存在失灵现象，政府已经难以独立有效承担网络空间的安全管理责任，需要网络运营者分担部分管理职责。

第一，政府欠缺管理所必需的信息。政府对网络空间的管理需要大量的信息支持，但政府和网络运营者之间存在严重的信息不对称。与传统领域由政府掌握更多的管理信息不同，在网络信息时代，政府对信息控制的能力在削弱。政府管理所必需的海量数据往往由互联网企业掌握，政府不得不求助于通常属于被管理对象的网络运营者，以避免管理困境。

第二，政府欠缺管理所必需的技术手段。网络空间信息技术和应用日新月异，受到技术能力的限制，法律和政府管理手段难以及时跟进。在以信息技术为基础的网络空间，国家的管制权限往往取决于现有的管制技术。当国家掌握了相应的管制技术手段时，就能较好地履行管制职能；当欠缺相应的管制技术时，就只能采取较少的管制。以知识产权保护执法为例，传统上都是通过执法或司法手段删除特定内容或者起诉侵权行为人，但这种方式基本上已经无法阻止全球性的盗版行为，因而对知识产权保护执法的关切点已经转移到中断互联网接入、利用域名体系关闭整个网站或者阻断网站的资金链等方面，而最有能力采取上述措施的就是网络运营者。

如果由政府出资来开发网络管理所必需的技术或者收集、分析网络管理所必需的海量数据，即使能做到，成本也将是非常巨大的，将显著增加纳税人的负担。一方面网络技术能力和资源主要集中在技术人才身上，高级技术人才的稀缺性决定了政府无法提供有竞争力的薪资来吸引人才；另一方面政府的组织方式和管理方式也无法营造人才得以成长的创新和竞争的环境。如果由网络运营者来分担一部分管理责任，显然更有效率。

第三，网络空间治理需要政府、企业、社会团体和社会公众共同参与，传统以政府为主导的管理模式已无法胜任。传统的社会管理模式以属地管理为主，将国家划分为不同层级的行政区域，并设置相应的地方政府管理本地事务，形成自上而下的金字塔式管理体系。正如美国学者莱斯格指出的："在现实世界中，我们通过社会规范将某些事物隔离于一定的场所，并能有效地对其进行分化，形成'分区管制'"。这种分区管制的采用，取决于现实世界的可区分性特征，也就是现实世界的结构。但网络空间的结构并不适合分区管制的实施。网络空间打破了地域限制，除非采取技术手段，通常没有现实的界限来隔离信息的流动。网络空间的开放性使得人们可以在任何时间、任何地点进入到网络空间的任何角落。一个平台可以容纳全国，甚至全世界的网民参与，在这样的平面化社会结构下，传统的管理模式难以适应治理的现实需要。民族国家、宗教组织、跨国公司等传统的主导权力机构都在网络信息流动中丧失了一定的控制权。政府对信息的控制能力在削弱，这不仅体现在防范国家安全敏感信息外泄能力的缺失，还体现在对信息中介服务全球输出进行限制的能力匮乏。这就要求网络运营者(信息中介)不仅要创造互联网规则和政策，同时要承担互联网的内容控制职能。

第四，网络空间的治理更注重预防，而不是事后惩罚。在网络空间，信息发布非常便捷，信息传播非常迅速，违法损害后果常常被网络放大，待到政府事后处理，损害已经造

成，损失难以挽回，因此政府的事后处理常常是缺乏效率的。对于至关重要的事前预防和事中监督，政府因缺乏相应的技术和数据支持，常常力不从心，而这对网络运营者来讲，则较为容易做到。

第五，网络平台具有开放性和公共性，客观上需要网络运营者采取有效措施对风险进行相应的管控。网络运营者负责运营网络平台，网络平台拥有众多用户，众多网民通过平台进行各项社会活动，网络运营者从中获取利益。按照责任权利相一致原则，网络运营者自然应当维护网络平台的信息安全，防止非法信息传播和扩散，防控安全风险。其实，现实社会中的经营者也负有类似的安全义务。例如，《消费者权益保护法》第十八条第二款规定：宾馆、商场、餐馆、银行、机场、车站、港口、影剧院等经营场所的经营者，应当对消费者尽到安全保障义务。当然，这种责任不是绝对的，经营者只要尽到法定的注意义务即可。例如，银行经营场所只要配备了保安、监控录像设备等，在安全措施符合法律标准的情况下，银行对于进入经营场所的抢劫犯所造成的现场的客户损失并不需要承担法律责任。同样道理，网络运营者在依法配备了相应的安全管理人员，采取了必要的安全技术手段的情况下，也不需要为非法利用网络者所造成的第三者损失承担法律责任。

综上所述，在网络空间，需要重新配置政府、社会、企业的责任。政府根据"谁运营谁负责""谁接入谁负责"和"责任权利相一致"的原则，将一部分管理职责"下放"给网络运营者或行业协会等社会团体，是一种更有效率的做法。但政府不能将过多的管理责任推卸给网络运营者，网络运营者的信息安全责任不能超出其风险控制能力和负担能力，否则市场主体负担过重，将阻碍网络经济的健康发展。因此，法律需要对网络运营者的安全管理义务进行明确界定，厘清责任边界。

三、网络运营者网络信息安全义务的主要内容

网络运营者的网络信息安全义务是一项综合性义务，是一个义务群，涉及多个方面。我国《网络安全法》第九条总括性地规定了网络运营者的网络安全义务，即：网络运营者开展经营和服务活动，必须遵守法律、行政法规，尊重社会公德，遵守商业道德，诚实守信，履行网络安全保护义务，接受政府和社会的监督，承担社会责任。《互联网信息服务管理办法》《互联网信息搜索服务管理规定》《即时通信工具公众信息服务发展管理暂行规定》等行政法规和规章则对各个领域网络运营者的网络安全义务作了具体规定。根据我国现行有关法律规定，网络服务提供者通常需要承担以下几方面的网络信息安全义务。

(一) 建立信息安全管理制度义务

网络运营者通常是通过公司章程、内部安全管理制度、用户协议等对网络平台和用户进行管理的。网络运营者要落实安全管理责任，首先就需要建立健全内部安全管理制度。网络运营者只有建立了健全的网络安全内控制度，才可能开展有效的安全管理。《网络安全法》第二十一条规定：网络运营者应当制定内部安全管理制度和操作规程，确定网络安全负责人，落实网络安全保护责任。《互联网信息服务管理办法》第六条规定：从事经营性互联网信息服务，应当有健全的网络与信息安全保障措施，包括网站安全保障措施、信息安全保密管理制度、用户信息安全管理制度。《互联网信息搜索服务管理规定》《即时通

信工具公众信息服务发展管理暂行规定》《网络食品安全违法行为查处办法》等规章也根据各领域不同特点，要求网络服务提供者建立健全各项制度，落实安全管理责任。

信息安全管理制度的具体内容并没有统一规定，不同领域的网络运营者会有些差异，大体上主要包括用户信息安全保护制度、信息审核制度、公共信息实时巡查制度、信用管理制度、应急处置制度、投诉和举报制度等。

(二) 用户信息审核义务

根据信息内容的不同，对用户信息的审核涉及用户身份信息的审核和业务信息的审核。

对于用户身份信息的审核，《网络安全法》第二十四条规定了网络实名制，即：网络运营者为用户办理网络接入、域名注册服务，办理固定电话、移动电话等入网手续，或者为用户提供信息发布、即时通信等服务，在与用户签订协议或者确认提供服务时，应当要求用户提供真实身份信息。用户不提供真实身份信息的，网络运营者不得为其提供相关服务。据此，网络运营者开展上述6项服务时，有义务审核用户提供的身份信息。身份信息主要包括姓名或名称、地址、联系方式、营业执照、资格证书或其他证明文件等。对身份信息的审核一般是形式审核，但如果有开放的数据库可核对，则应当进行实质审核，如通过工商行政管理部门的企业信用数据库核对营业执照信息的真实性。对身份信息应当建立档案并定期更新。

网络运营者除了对用户身份信息进行审核外，还要对某些业务信息履行审核义务。例如，根据《互联网广告管理办法》第十四条的规定，网络广告发布者应对互联网广告等商业性信息进行审核，应当查验有关证明文件，核对广告内容，对内容不符或者证明文件不全的广告，不得设计、制作、代理、发布。又如，《移动互联网应用程序信息服务管理规定》第二十条第二款规定：应用程序分发平台应当对申请上架和更新的应用程序进行审核，发现应用程序名称、图标、简介存在违法和不良信息，与注册主体真实身份信息不相符，业务类型存在违法违规等情况的，不得为其提供服务。

(三) 公共信息巡查义务

网络信息巡查制度最早见于2002年9月发布的《互联网上网服务营业场所管理条例》第十九条。根据该条规定，互联网上网服务营业场所经营单位应当实施经营管理技术措施，建立场内巡查制度，发现上网消费者有违法行为的，应当立即予以制止并向文化行政部门、公安机关举报。之后该制度被逐渐推行到线上。《网络安全法》第四十七条规定，网络运营者应当加强对其用户发布的信息的管理，对网上公共信息进行巡查则是一项有效的信息管理手段。工信部第31号令《通信短信息服务管理规定》、公安部等六部门联合制定的《互联网危险物品信息发布管理规定》、国信办发布的《互联网信息搜索服务管理规定》等规定均要求网络服务提供者对公共信息进行实时巡查。

公共信息巡查义务基于网络平台的开放性和公共性，所需要巡视的信息限于公共信息，对于个人通信信息和具有私密性的小范围群聊信息，网络运营者无权巡视。

(四) 告知督促义务

告知督促义务主要是要求网络运营者在网站上公布有关规章制度,在用户协议中明确有关义务和责任,并督促用户履行义务。《网络安全法》第四十一条规定:网络运营者收集、使用个人信息,应当遵循合法、正当、必要的原则,公开收集、使用规则,明示收集、使用信息的目的、方式和范围,并经被收集者同意。《互联网用户账号名称管理规定》第四条规定:互联网信息服务提供者应当落实安全管理责任,完善用户服务协议,明示互联网信息服务使用者在账号名称、头像和简介等注册信息中不得出现违法和不良信息。根据《移动互联网应用程序信息服务管理规定》第二十一条的规定,应用程序分发平台应当依据法律法规和国家有关规定,制定并公开管理规则,与应用程序提供者签订服务协议,明确双方相关权利义务。对违反该规定及相关法律法规及服务协议的应用程序,应用程序分发平台应当依法依约采取警示、暂停服务、下架等处置措施,保存记录并向有关主管部门报告。

(五) 保障信息安全义务

个人信息是指以电子或者其他方式记录的、能够单独或者与其他信息结合识别自然人个人身份的各种信息。自然人的个人信息具有人格属性,并为我国《民法总则》所确认。网络运营者在运营中会收集大量的个人信息,保障个人信息安全是网络运营者的基本义务。《网络安全法》第四十二条规定:网络运营者应当采取技术措施和其他必要措施,确保其收集的个人信息安全,防止信息泄露、毁损、丢失。在发生或者可能发生个人信息泄露、毁损、丢失的情况时,应当立即采取补救措施。《消费者权益保护法》第二十九条第二款也规定:经营者应当采取技术措施和其他必要措施,确保信息安全,防止消费者个人信息泄露、丢失。在发生或者可能发生信息泄露、丢失的情况时,应当立即采取补救措施。

(六) 违法信息处置义务

当网络运营者发现其用户发布违法信息时,应当立即采取措施进行处置。《网络安全法》第四十七条规定:网络运营者应当加强对其用户发布的信息的管理,发现法律、行政法规禁止发布或者传输的信息的,应当立即停止传输该信息,采取消除等处置措施,防止信息扩散,保存有关记录,并向有关主管部门报告。《互联网信息服务管理办法》第十六条也规定:互联网信息服务提供者发现其网站传输的信息明显属于违法信息的,应当立即停止传输,保存有关记录,并向国家有关机关报告。根据《互联网新闻信息服务单位约谈工作规定》第四条的规定,互联网新闻信息服务单位未及时处置违法信息情节严重的,国家互联网信息办公室、地方互联网信息办公室可对其主要负责人、总编辑等进行约谈。

(七) 投诉处理义务

网络运营者建立网络信息安全投诉、举报制度后,应及时受理并处理有关网络信息安全的投诉和举报。传统上,主要由政府部门、行业协会等负责受理投诉举报,市场主体并没有强制性的受理投诉举报的义务。网络运营者之所以负有强制性的受理投诉举报义务,主要是因为他们掌握了与投诉和举报有关的数据和信息,并且与其利益息息相关。

《网络安全法》第四十九条规定：网络运营者应当建立网络信息安全投诉、举报制度，公布投诉、举报方式等信息，及时受理并处理有关网络信息安全的投诉和举报。《规范互联网信息服务市场秩序若干规定》《电信和互联网用户个人信息保护规定》等规定进一步明确，服务提供者应自接到投诉之日起 15 日内答复投诉人。《互联网新闻信息服务单位约谈工作规定》第四条规定，互联网新闻信息服务单位未及时处理公民、法人和其他组织关于互联网新闻信息服务的投诉、举报情节严重的，国家互联网信息办公室、地方互联网信息办公室可对其主要负责人、总编辑等进行约谈。

(八) 配合监督检查义务

政府部门在网络空间行使监管职能，必须得到网络运营者的配合并由其提供有关数据和技术支持，否则难以有效开展监管。网络运营者对有关部门依法实施的监督检查，应当依法予以配合。《网络安全法》第四十九条规定：网络运营者对网信部门和有关部门依法实施的监督检查，应当予以配合。《保守国家秘密法》第三十四条规定，网络运营者应当加强对其用户发布的信息的管理，配合监察机关、保密行政管理部门、公安机关、国家安全机关对涉嫌泄露国家秘密案件进行调查处理；发现利用互联网及其他公共信息网络发布的信息涉嫌泄露国家秘密的，应当立即停止传输该信息，保存有关记录，向保密行政管理部门或者公安机关、国家安全机关报告；应当根据保密行政管理部门或者公安机关、国家安全机关的要求，删除涉及泄露国家秘密的信息，并对有关设备进行技术处理。

(九) 信息记录义务

网络日志包括用户日志和系统日志。用户日志由应用软件和数据库管理系统产生，内容包括用户登录尝试、数据修改、信息发布、错误信息等。系统日志由操作系统、数据库管理系统、防火墙、入侵检测系统和路由器等生成，内容包括管理登录尝试、系统事件、网络事件、错误信息等。网络运营者应保证用户日志和系统日志中包含足够的内容，以便完成有效的内部控制、解决系统故障和满足监督检查需要；应采取适当措施保证所有日志同步计时，并确保其完整性。《网络安全法》第二十一条规定，网络运营者应当留存网络日志不少于 6 个月。

(十) 报告义务

网络运营者毕竟不是政府，不是最终的网络管理者，因此网络运营者发现违法信息后，应当向有关主管部门报告。根据《网络安全法》第四十七、四十八条规定，网络运营者、电子信息发送服务提供者和应用软件下载服务提供者发现法律、行政法规禁止发布或者传输的信息的，应当保存有关记录，并向有关主管部门报告。《保守国家秘密法》《互联网信息服务管理办法》《电信条例》《地图管理条例》对此均有规定。

当发生网络安全事件时，网络运营者也应当向有关主管部门报告，以便在需要时，可以更好地采取应对措施，防范风险的扩散和损失的扩大。《网络安全法》第四十二条第二款也对此有所规定。

上述各项网络信息安全义务是法定义务，如果拒不履行，经监管部门责令采取改正措施仍拒不改正，则有可能触犯刑法，构成拒不履行信息网络安全管理义务罪(《刑法》第二百八十六条之一)。

第三节　网络非法有害信息举报制度

一、网络非法有害信息举报立法

我国对于非法有害信息举报投诉立法可追溯到 2010 年实施的《中华人民共和国侵权责任法》，根据该法第三十六条的规定，网络用户利用网络服务实施侵权行为的，被侵权人有权通知网络服务提供者采取删除、屏蔽、断开链接等必要处理措施，否则网络服务者对损害的扩大部分将承担连带责任。《举报互联网和手机媒体淫秽色情及低俗信息奖励办法》在明确非法有害信息范围的基础上，设立了公众举报非法有害信息的奖励机制，即依据非法有害信息对国家、社会、人民的危害程度，对举报有功人员视不同情况分别给予一千元至一万元人民币的奖励。同时，该《办法》还规定了举报非法有害信息的各类平台和渠道，包括互动平台、存储工具、下载工具、移动应用软件等。《网络安全法》第十四条和第四十九条分别规定了受理用户举报的部门、程序及对网络运营者接受用户举报的具体要求，并强调对举报人的相关信息和合法权益进行保护。

二、网络非法有害信息的举报机制

(一) 举报实现

1. 举报受理

网络运营者和监管部门必须公布投诉、举报方式等信息，设置明显的投诉入口和通道，并加强对举报受理的宣传，鼓励正当的举报行为。网络运营机构内部应安排独立的部门或人员处理举报相关事宜，避免与业务部门的利益冲突而影响举报受理。

网络运营机构在接到关于机构自身或用户的举报后，应记录举报线索的相关信息，并尽快启动后续的调查和处理流程。监管部门在收到举报信息后，应对信息进行初步核查，确定信息的直接来源，会同相应的网络运营者一起调查处理。收到举报的部门应当及时依法作出处理，对不属于本部门职责范围的，应当及时移送有权处理的部门。

目前，我国监管部门设置的主要举报渠道包括：

(1) 中国互联网违法和不良信息举报中心(www.12377.cn)，受理公众对违反"九不准"和"七条底线"的互联网违法和不良信息的举报。

(2) 12321 网络不良与垃圾信息举报受理中心(www.12321.cn)，受理公众对诈骗电话、恶意应用、骚扰电话、垃圾短信等的举报。

(3) 网络违法犯罪举报网(www.cyberpolice.mps.gov.cn/#/)，受理公众对利用互联网或针对网络信息系统从事违法犯罪行为的线索、暴力恐怖思想和极端宗教思想等的举报。

(4) 全国"扫黄打非"工作小组办公室举报中心(www.shdf.gov.cn/shdf/channels/740.html)，受理公众对非法出版活动、互联网和手机媒体淫秽色情信息的举报。

2. 举报调查和处理

如果举报信息由网络运营者内部接受，则需要内部监督作出相应处理，如采取更正、删除等处理措施，并对处理结果进行内部复查。如果存在赔偿等责任还应履行相应责任。

如果举报信息由监管部门接受，则应根据非法有害信息影响的严重程度要求网络运营者作出相应处理，然后对处理结果进行复查。如果复查通过，则可恢复正常运营，如果没有通过，则将面临停业整改，甚至关闭网站等处罚。

3. 举报反馈

对网络非法有害信息的举报处理结束后，需要向举报人反馈处理结果，并向主管部门汇报备案。举报受理部门须向举报人反馈举报接收、处理情况等，一般直接将反馈信息发送至举报人提供的联系方式，或提供举报结果查询渠道，以供举报人监督非法有害信息的处理进度和结果。

(二) 举报奖励

举报受理部门设置相应的举报激励机制，鼓励社会公众积极参与举报工作，发挥公众在维护网民权益、净化网络环境、监督法治化建设中的作用。《互联网违法和不良信息举报奖励办法》第五条、第六条、第七条对举报奖励进行了规定：以"九不准"及"七条底线"为基准，依据违法信息对国家、社会、人民的危害程度，对举报有功人员视不同情况分别给予一百元至一万元人民币奖励；对提供重大违法案件线索、为打击网上违法犯罪行为做出突出贡献的举报有功人员，每条举报线索给予两万元至五万元奖励，最高给予十万元奖励。接受奖励资金的举报有功人员应当向举报中心提供身份证明、银行卡账号、联系方式等个人真实资料，拒绝提供相关资料的，取消拟发放的奖励资金。举报有功人员可以选择接受、放弃或捐赠举报奖励资金；选择捐赠的，根据举报人意愿，举报中心可代为捐赠举报人指定的社会公益机构。

(三) 举报制约

我国法律对于恶意举报的行为设置了相应的行政处罚和刑事处罚机制。根据《治安管理处罚法》第四十二条规定，捏造事实诽谤他人的，捏造事实诬告陷害他人，企图使他人受到刑事追究或者受到治安管理处罚的，处五日以下拘留或者五百元以下罚款；情节较重的，处五日以上十日以下拘留，可以并处五百元以下罚款。《刑法》第二百四十三条、第二百四十六条分别规定了诬告陷害罪和诽谤罪，即捏造事实诬告陷害他人，意图使他人受刑事追究，情节严重的，处三年以下有期徒刑、拘役或者管制；造成严重后果的，处三年以上十年以下有期徒刑；以暴力或者其他方法捏造事实诽谤他人，情节严重的，处三年以下有期徒刑、拘役、管制或者剥夺政治权利。

三、网络非法有害信息举报制度的运行实践

以中国互联网违法和不良信息举报中心为例，其举报流程如图4-1所示。

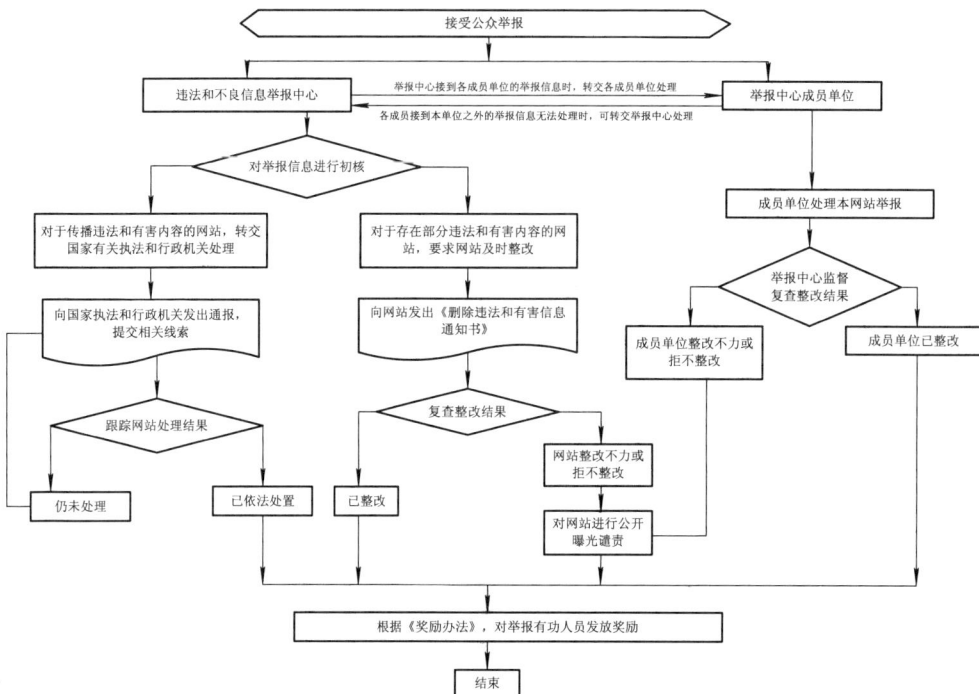

图 4-1　中国互联网违法和不良信息举报流程

【案例讨论】

材料一：2020 年 9 月 8 日，《人物》杂志发布的报道《外卖骑手，困在系统里》引发了舆论对算法的激烈争论。舆论矛头直指国内两家平台公司的系统和算法。在系统的压迫下，外卖骑手深受派送时间不合理、规划路线含逆行、超时高额罚款等多重问题的困扰。

材料二："大数据杀熟"的表现形式有很多，价格算法是其中一种。通俗地说，"大数据杀熟"就是"不同人不同价"。比如：新老用户价格不同，老用户或会员用户反而比普通用户价格更贵；不同地区的消费者对应不同的价格；多次浏览页面的用户可能面临价格上涨；利用繁复的促销规则和算法，让不同消费者算出不同的价格等。

基于以上两则实例，请结合所学知识谈一谈你对"算法歧视"及"算法规制"的认识。

【课后思考】

网络信息内容安全与网络交易自由之间的关系如何？

第5章

个人信息保护制度

【本章重点】

1. 个人信息的内涵与外延。
2. 我国当前的个人信息保护制度架构。

物质、能量、信息是人类社会赖以存在和发展的三大资源。网络社会中，个人信息的作用日益凸显，其已成为国家的一种战略资源。个人信息安全问题并非网络出现后产生的新问题，但这一问题因网络的广泛应用被无限放大了。今天，世界上90%以上的信息是以数字形式存在的，国家、企业或个人借助计算机网络能够迅速地搜集、储存、传送有关个人的各种数据。把这些数据以不同的方式进行组合或呈现，可以预测个人的行为模式、政治态度、消费习惯，即把这些数据作为一种资源或商品加以利用。这种无孔不入的个人信息收集行为，不可避免地会造成对个人信息的滥用。非法收集、分析和利用个人的各种数据已成为行业的普遍行为，个人信息正在遭遇着前所未有的安全危机。通过立法对个人信息权益加以保护是各国在网络时代面临的重要任务。个人信息保护的立法可追溯至德国黑森州1970年《资料保护法》。此后，瑞士、法国、奥地利、比利时等国先后制定了个人信息保护法。进入21世纪，在数字化浪潮的推动下，世界个人信息保护的立法进程加速推进。2000到2010年，共有40个国家颁布了个人信息保护法，是前10年的两倍，而2010年到2019年，又新增了62部个人信息保护法，比以往任何10年都要多。

我国的个人信息保护立法可以追溯到2003年。2003年国务院信息化办公室部署个人信息保护法立法研究工作，2012年《全国人大常委会关于加强网络信息保护的决定》颁行。在近20年的进程中，我国个人信息保护规范体系日益完善，《网络安全法》《消费者权益保护法》《电子商务法》《刑法修正案九》《民法典》等都对个人信息保护作出了相应规定。但是，分散式的立法，也面临着体系性和操作性欠缺、权利救济和监管措施不足的困境，制定一部个人信息保护的专门法势在必行。2018年9月个人信息保护法被纳入"十三届全国人大常委会立法规划"，历经三年，《中华人民共和国个人信息保护法》终于在2021年8月20日出台，为我国的个人信息保护构建了完整的制度框架。

第一节　概　　述

准确把握个人信息的内涵和外延，是执法、司法以及企业合规的前提。个人信息的内涵揭示的是其本质特征，其外延是个人信息的范围。个人信息的外延，不仅决定个人权利的范围，而且关涉个人权利保护与网络产业发展这一矛盾，因而需要在平衡个人信息安全与网络产业发展的基础上确定。

一、个人信息的概念

在个人信息的概念界定上，存在着"识别说"与"关联说"两种不同观点。识别说认为，凡是能够单独识别或者与其他信息结合后识别出特定自然人的信息，就是个人信息。我国《刑法》《网络安全法》《民法典》对个人信息的概念界定，采取的即为这种方式。

《刑法》第二百五十三条规定了向他人出售或提供公民个人信息的犯罪，最高人民法院、最高人民检察院《关于办理侵犯公民个人信息刑事案件适用法律若干问题的解释》第一条规定：刑法第二百五十三条之一规定的"公民个人信息"，是指以电子或者其他方式记录的能够单独或者与其他信息结合识别特定自然人身份或者反映特定自然人活动情况的各种信息，包括姓名、身份证件号码、通信通讯联系方式、住址、账号密码、财产状况、行踪轨迹等。

《网络安全法》第七十六条第五项规定：个人信息，是指以电子或者其他方式记录的能够单独或者与其他信息结合识别自然人个人身份的各种信息，包括但不限于自然人的姓名、出生日期、身份证件号码、个人生物识别信息、住址、电话号码等。《网络安全法》的规定强调了个人信息的识别性。

《民法典》第一千零三十四条第二款规定：个人信息是以电子或者其他方式记录的能够单独或者与其他信息结合识别特定自然人的各种信息，包括自然人的姓名、出生日期、身份证件号码、生物识别信息、住址、电话号码、电子邮箱、健康信息、行踪信息等。

关联说认为，只要是与已识别或可识别的自然人有关的各种信息都属于个人信息。我国的《个人信息保护法》采取的就是关联说。该法第四条第一款规定：个人信息是以电子或者其他方式记录的与已识别或者可识别的自然人有关的各种信息，不包括匿名化处理后的信息。

识别说是从信息本身出发，看是否能够从信息本身直接识别出特定自然人或者与其他信息结合后识别出特定自然人。关联说则是从信息主体出发，任何与已识别或可识别的自然人相关的信息都属于个人信息。关联说更强调个人信息的相对性，即某些信息是否属于个人信息要看对谁而言。比较而言，关联说的保护范围更大一些。

同时，个人信息不包括匿名化处理后的信息。所谓匿名化，是指个人信息经处理无法识别特定自然人且不能复原的过程。匿名化使得信息与个人不再具有关联。因此，匿名化处理的信息就不再属于个人信息保护法的适用范围。应当注意的是，个人信息的匿名化是相对的，在可获得的数据来源越来越丰富以及算法越来越强大的大数据时代，匿名化处理的信息也可能复原，从而重新具有可识别特定个人的可能。

二、个人信息的构成

(一) 个人生理特征信息

个人生理特征信息是基于个人的出生和成长而产生、体现个人自身特征或者状况的信息，包括出生日期、性别、基因、指纹、声纹、掌纹、耳廓、虹膜、面部特征等个人生物识别信息。

(二) 个人标识性信息

个人标识性信息的特点是区分性，即通过某一条信息或者一些信息的组合能把某人从其他人中区别开来。例如：姓名、民族、国籍、亲属关系、住址等；身份证、军官证、护照、驾驶证、工作证、出入证、社保卡、居住证，个人电话号码、系统账号、IP 地址、电子邮箱及与前述有关的密码、口令、口令保护答案、用户个人数字证书等网络身份标识信息；个人常用设备信息，包括硬件型号、设备 MAC 地址、操作系统类型、软件列表唯一设备识别码等在内的描述个人常用设备基本情况的信息；联系人信息，如通讯录、好友列表、群列表、电子邮件地址列表等。

(三) 反映个人基本情况的信息

反映个人基本情况的信息反映的是个人的人身或者财产的基本情况，包括以下信息：

(1) 个人生理健康信息，如个人因生病医治等产生的相关记录，如病症、住院志、医嘱单、检验报告、手术及麻醉记录、护理记录、用药记录、药物食物过敏信息、生育信息、既往病史、家族病史等，以及与个人身体健康状况产生的相关信息，如体重、身高、肺活量等。

(2) 个人财产信息，如银行账号、鉴别信息(口令)、存款信息、账户变动信息、房产信息、信贷记录、征信信息、交易和消费记录、流水记录等，以及虚拟货币、虚拟交易、游戏类兑换码等虚拟财产信息。

(3) 个人的婚史、宗教信仰、性取向、未公开的违法犯罪记录等。

(四) 个人行为信息

个人行为信息反映的是个人登录和使用互联网产生的信息，包括：

(1) 个人通信信息，如通信记录和内容、短信、彩信、电子邮件，以及描述个人通信的数据等。

(2) 个人上网记录，指通过日志储存的用户操作记录，包括网站浏览记录、搜索记录、软件使用记录、点击记录等。

(3) 个人位置信息，包括行踪轨迹、精准定位信息等。

三、个人信息的分类

(一) 隐私个人信息与非隐私个人信息

隐私信息,是指自然人不愿意为他人所知晓且关系到私人生活安宁的信息。隐私信息与公共事务无关,一旦被其他民事主体或国家机关知晓或公开,就会侵害、干扰私生活安宁或私生活的秘密。非隐私个人信息,是指不涉及个人隐私的信息。

隐私个人信息与非隐私个人信息在个人信息的处理规则上存在明显的差异。首先,根据《民法典》第一千零三十四条第三款的规定,在处理隐私信息时,优先适用《民法典》关于隐私权的规定,隐私权没有规定的,才适用《民法典》《个人信息保护法》等法律关于个人信息保护的规定。其次,在未经权利人同意的情形下,处理隐私信息只能依据法律的规定,而处理非隐私信息则可以根据法律和行政法规的规定。最后,处理隐私信息必须取得权利人的明确同意,而处理非隐私信息需取得自然人或监护人的同意。

(二) 敏感个人信息与非敏感个人信息

敏感个人信息是指一旦泄露或者非法使用,容易导致自然人的人格尊严受到侵害或者人身、财产安全受到危害的个人信息。这些信息包括生物识别、宗教信仰、特定身份、医疗健康、金融账户、行踪轨迹等信息,以及不满十四周岁未成年人的个人信息。非敏感个人信息则是指那些泄露或非法使用不会对个人造成重大损害的个人信息,如姓名、电话号码、工作履历等。

立法对于敏感个人信息与非敏感个人信息在处理规则、个人信息处理者的义务上作出了不同规定。首先,在个人信息处理规则上,立法对于敏感个人信息的处理在目的、必要性、同意的要求以及告知事项等方面都提出了更严格的要求。其次,个人信息处理者在处理任何敏感个人信息之前必须进行个人信息保护影响评估并对处理情况进行记录。但在处理非敏感个人信息时,则只有在信息处理活动对个人权益有重大影响时才需要进行影响评估。

(三) 公开的个人信息与非公开的个人信息

根据个人信息是否已经公开为标准,可以将个人信息区分为公开的个人信息和非公开的个人信息两类。根据《民法典》第一千零三十六条第二项的规定,我国民法上公开的个人信息包括个人自行公开的或其他已经合法公开的个人信息两种情形。前者主要是指个人信息在客观上已经处于可由不特定的人获取的状态,比如个人简历信息公布在单位网站上。后者是指在获得权利人同意或符合法律规定的条件下公开的个人信息,如依法公开的行政处罚决定书中记载的个人信息等。

一般情况下,对于公开的个人信息,在个人未明确拒绝的情况下,只要在合理范围内的利用都是合法的。对于非公开的个人信息的处理活动则需要个人的同意授权,当然,法律法规另有规定的情况除外。

第二节　个人信息保护法的基本原则

个人信息保护法的基本原则，是指个人信息处理者在从事个人信息处理活动过程中应当遵循的基本原则。我国《个人信息保护法》第五条至第九条具体规定了个人信息保护法的基本原则，通过立法对个人信息保护的基本原则予以明确规定既有助于个人信息保护法律体系的完善，也有助于实践中对个人信息保护法律规范的理解和适用。

按照《个人信息保护法》的规定，我国个人信息保护法的基本原则包括合法、正当、必要与诚信原则；目的限制原则；公开透明原则；质量、责任与安全原则。

一、合法、正当、必要与诚信原则

《个人信息保护法》第五条规定：处理个人信息应当遵循合法、正当、必要和诚信原则，不得通过误导、欺诈、胁迫等方式处理个人信息。

合法原则，是指个人信息处理者在对个人信息进行收集、存储、加工、使用、提供、公开、删除等活动时，应当遵守法律、法规的规定，采取合法方式，不得违法处理个人信息。

正当原则，是指个人信息处理活动必须是正当的，个人信息处理者不得采取不正当的手段或者误导、欺诈、胁迫等不公正方法处理个人信息。

必要原则，是指个人信息的收集、存储、加工、使用以及其他处理活动都必须是实现个人信息处理目的所必需的，不得超过合理的范围。

诚信原则，是指个人信息处理者在从事个人信息处理活动时，应当始终秉持诚实的态度、恪守承诺，不得通过任何欺诈、胁迫、误导等方式处理个人信息。

二、目的限制原则

《个人信息保护法》第六条对目的限制原则作出了规定：处理个人信息应当具有明确、合理的目的，并应当与处理目的直接相关，采取对个人权益影响最小的方式。收集个人信息，应当限于实现处理目的的最小范围，不得过度收集个人信息。

目的限制原则包含三个层次的内容。首先，目的特定，即处理个人信息必须是为了明确与合理的目的，具体来说，就是指个人信息的收集必须基于收集时特定的、明确的以及合法的目的进行。其次，目的兼容的方式，即在个人信息收集之后对个人信息进行的处理活动，如加工、使用、存储等都必须以与处理目的直接相关的方式进行。最后，个人信息处理者应采取对个人权益影响最小的方式来实现个人信息的处理目的。

三、公开透明原则

《个人信息保护法》第七条规定：处理个人信息应当遵循公开、透明原则，公开个人信息处理规则，明示处理的目的、方式和范围。公开透明原则要求个人信息处理者在从事个人信息处理活动中做到以下四点。第一，通过清晰易懂的语言向个人告知相应事项，从而确保个人在充分知情的前提下，自愿、明确地作出授权，除非有法律、行政法规规定应当保密或者不需要告知的情形。第二，在利用个人信息进行自动化决策时，个人信息处理者应当保证决策的透明度和结果公平、公正。第三，在公共场所安装图像采集、个人身份识别设备、应当为维护公共安全所必须，遵守国家有关规定，并设置显著的提示标识，从而保障个人对其信息处理行为的知情权。第四，发生或者可能发生个人信息泄露、篡改、丢失，个人信息处理者采取措施无法有效避免信息泄露、篡改、丢失造成危害的，个人信息处理者应当通知履行个人信息保护职责的部门和个人。

四、质量、责任与安全原则

《个人信息保护法》第八条以及第九条规定：处理个人信息应当保证个人信息的质量，避免因个人信息不准确、不完整对个人权益造成不利影响；个人信息处理者应当对其个人信息处理活动负责，并采取必要措施保障所处理的个人信息的安全。

质量原则，是指个人信息处理者应当保证所处理的个人信息的质量，避免因为个人信息的不准确或不完整对个人权益造成不利影响。

责任原则，是指个人信息处理者是个人信息处理活动的主要责任主体，应当对其从事的个人信息处理活动负责。

安全原则，是指个人信息处理者应当采取必要措施来保护所处理的个人信息的安全，防止出现个人信息的泄露、篡改、丢失。

第三节　个人信息处理规则

我国《个人信息保护法》第二章对个人信息的处理规则进行了规定，构建了以"告知—同意"规则为核心的个人信息处理规则体系，并对敏感个人信息的处理规则、国家机关处理个人信息的规则进行了详细规定。同时，《个人信息保护法》第三章对个人信息跨境提供的规则进行了专章规定。考虑到个人信息跨境提供属于个人信息处理中的一种情形，故本书将其与其他处理规则合并为一节进行介绍。

一、个人信息处理的一般规则

(一) 告知同意规则

告知同意规则是个人信息处理的基本规则。按照这一规则，个人信息处理者在处理个人信息之前应当向信息权利人履行告知义务，并在取得权利人同意后方可从事个人信息处理活动。

1. 告知规则

在告知的内容上，根据《个人信息保护法》第十七条的规定，个人信息处理者在处理个人信息前，应当向个人告知下列事项：

(1) 个人信息处理者的名称或者姓名和联系方式。

(2) 个人信息的处理目的、处理方式，处理的个人信息种类、保存期限。

(3) 个人行使本法规定权利的方式和程序。

(4) 法律、行政法规规定应当告知的其他事项。

(5) 前款规定事项发生变更的，应当将变更部分告知个人。

在告知的方式上，《个人信息保护法》要求个人信息处理者"以显著方式、清晰易懂的语言真实、准确、完整地"向个人告知相关事项。个人信息处理者履行告知义务的形式主要有两种。第一种告知形式为逐一告知，即个人信息的处理者在处理个人信息前，以一对一的方式向每一个个人信息权利人进行告知，并注意取得自然人的同意。这种告知方式主要用于以人工或非自动化的方式处理个人信息的情形。第二种告知形式为统一告知，主要是指个人信息处理者通过提前拟定好统一的、反复适用的个人信息处理规则来向个人信息权利人履行告知义务并取得其同意。这种方式主要是在利用互联网等信息网络处理个人信息时使用。

在告知义务的免除上，《个人信息保护法》第十八条、第三十五条规定了四种情形，主要包括：法律、行政法规规定应当保密的情形；不需要告知的情形；告知将妨碍国家机关履行法定职责；紧急情况下为保护自然人的生命健康和财产安全无法及时向个人告知的情形。

2. 同意规则

个人信息利用场景中的"同意"强调的是权利人在充分知情的前提下自愿、明确作出的允许其个人信息被处理的意思表示。构成有效的同意需要满足作出同意的自然人具有同意能力、充分知情、自愿且明确地作出同意的表示。因此，未满十四周岁的未成年人在个人信息处理中是不具有同意能力的。

在同意的方式上，为了保护个人信息权益、确保告知同意规则的落实，《个人信息保护法》特别规定了需要单独同意的情形。根据《个人信息保护法》的规定，需要取得单独同意的个人信息处理活动包括：

(1) 处理者向其他处理者提供其处理的个人信息。

(2) 处理者公开个人信息。

(3) 将在公共场所安装图像采集、个人身份识别设备所收集的个人图像、身份识别信息用于维护公共安全之外的其他目的。

(4) 处理敏感个人信息。

(5) 向我国境外提供个人信息。

当个人信息的处理目的、处理方式和处理的个人信息种类发生变更时，个人信息处理者应当重新取得个人同意。基于个人同意处理个人信息的，个人有权撤回其同意。个人信息处理者应当提供便捷的撤回同意的方式。个人撤回同意，不影响撤回前基于个人同意已进行的个人信息处理活动的效力。个人信息处理者不得以个人不同意处理其个人信息或者撤回同意为由，拒绝提供产品或者服务；处理个人信息属于提供产品或者服务所必需的除外。

(二) 法定许可

为了实现个人信息的合理利用，《个人信息保护法》第十三条第一款第二项至第七项规定了无需取得个人同意即可处理个人信息的情形，具体包括：

(1) 订立或履行合同所必需。

(2) 人力资源管理所必需。

(3) 履行法定职责或法定义务所必需。

(4) 应对突发公共卫生事件所必需。

(5) 保护生命健康和财产安全所必需。

(6) 为公共利益实施新闻报道、舆论监督等行为。

(7) 处理公开的个人信息。

(8) 法律、行政法规规定的其他情形。

(三) 以自动化决策方式处理个人信息

自动化决策的个人信息处理方式已广泛应用于各个领域，《个人信息保护法》对自动化决策的定义以及其利用规则进行了规范。自动化决策，是指通过计算机程序自动分析、评估个人的行为习惯、兴趣爱好或者经济、健康、信用状况等，并进行决策的活动。个人信息处理者利用个人信息进行自动化决策，应当保证决策的透明度和结果公平、公正，不得对个人在交易价格等交易条件上实行不合理的差别待遇。通过自动化决策方式向个人进行信息推送、商业营销，应当同时提供不针对其个人特征的选项，或者向个人提供便捷的拒绝方式。通过自动化决策方式作出对个人权益有重大影响的决定，个人有权要求个人信息处理者予以说明，并有权拒绝个人信息处理者仅通过自动化决策的方式作出决定。

二、敏感个人信息的处理

(一) 敏感个人信息的界定

《个人信息保护法》第二十八条第一款规定：敏感个人信息是一旦泄露或者非法使用，容易导致自然人的人格尊严受到侵害或者人身、财产安全受到危害的个人信息，包括生物识别、宗教信仰、特定身份、医疗健康、金融账户、行踪轨迹等信息，以及不满十四周岁未成年人的个人信息。

(二) 处理敏感个人信息的特殊要求

根据《个人信息保护法》第二十八条至第三十二条的规定，由于敏感个人信息对个人的人格尊严和人身、财产安全有重大影响，因此，个人信息处理者必须在符合特定目的和充分必要性、采取严格保护措施两个条件的情形下方可处理敏感个人信息。

在告知同意规则的适用上，对于敏感个人信息必须取得单独同意，在特殊情况下需取得书面同意。在告知规则上，除一般的告知义务外，敏感个人信息的处理者还需要向信息主体告知处理敏感个人信息的必要性及对其对个人权益的影响。

三、国家机关处理个人信息的规则

根据《个人信息保护法》的规定，国家机关为履行法定职责处理个人信息，应当依照法律、行政法规规定的权限、程序进行，不得超出履行法定职责所必需的范围和限度。国家机关为履行法定职责处理个人信息，应当依照《个人信息保护法》规定履行告知义务；有法律、行政法规规定应当保密或者不需要告知的情形的，或者告知将妨碍国家机关履行法定职责的除外。国家机关处理的个人信息应当在中华人民共和国境内存储；确需向境外提供的，应当进行安全评估。进行安全评估时可以要求有关部门提供支持与协助。

四、个人信息跨境提供的规则

《个人信息保护法》第三十八条规定，个人信息处理者因业务等需要，确需向中华人民共和国境外提供个人信息的，应当具备下列条件之一：

(1) 依照《个人信息保护法》第四十条的规定通过国家网信部门组织的安全评估。

(2) 按照国家网信部门的规定经专业机构进行个人信息保护认证。

(3) 按照国家网信部门制定的标准合同与境外接收方订立合同，约定双方的权利和义务。

(4) 法律、行政法规或者国家网信部门规定的其他条件。中华人民共和国缔结或者参加的国际条约、协定对向中华人民共和国境外提供个人信息的条件等有规定的，可以按照其规定执行。

个人信息处理者应当采取必要措施，保障境外接收方处理个人信息的活动达到《个人信息保护法》规定的个人信息保护标准。

在告知同意规则的适用上，《个人信息保护法》第三十九条要求：个人信息处理者向中华人民共和国境外提供个人信息的，应当向个人告知境外接收方的名称或者姓名、联系方式、处理目的、处理方式、个人信息的种类以及个人向境外接收方行使本法规定权利的方式和程序等事项，并取得个人的单独同意。

为防止境外的组织、个人从事侵害我国公民的个人信息权益、危害我国国家安全、公共利益的个人信息处理活动，《个人信息保护法》还规定了"黑名单"制度和对等原则。境外的组织、个人从事侵害中华人民共和国公民的个人信息权益，或者危害中华人民共和国国家安全、公共利益的个人信息处理活动的，国家网信部门可以将其列入限制或者禁止个人信息提供清单，予以公告，并采取限制或者禁止向其提供个人信息等措施。任何国家或者地区在个人信息保护方面对中华人民共和国采取歧视性的禁止、限制或者其他类似措施的，中华人民共和国可以根据实际情况对该国家或者地区对等采取措施。

第四节　个人信息权益

《个人信息保护法》第四章对个人所享有的信息权益进行了规定，具体包括：知情权、决定权、查阅复制权、可携带权、更正补充权、删除权、解释说明权。

一、知情权

《个人信息保护法》第四十四条对知情权作出了规定，知情权是指个人对其个人信息的处理享有知情的权利。

为了保障知情权，《个人信息保护法》构建了个人信息处理者的告知义务，具体包括以下几种情况。第一，要求个人信息处理者在处理个人信息前以显著方式、清晰易懂的语言真实、准确、完整地向个人告知相关事项，除非有法律、行政法规规定应当保密或者不需要告知的情形。第二，当发生个人信息处理者合并等原因需要转移个人信息、个人信息处理者向其他处理者提供其处理的个人信息、处理敏感个人信息、个人信息处理者向境外提供个人信息等情形时个人信息处理者还应承担更多的告知义务。第三，个人有权向个人信息处理者查阅、复制其个人信息。第四，在发生或者可能发生个人信息泄露、篡改、丢失的情形下，个人信息处理者应当将发生或者可能发生个人泄露、篡改、丢失的信息的种类、原因和可能造成的危害，已采取的补救措施和个人可以采取的减轻危害的措施以及个人信息处理者的联系方式等告知信息主体。

二、决定权

决定权，是指在法律、行政法规没有作出特别规定的情形下，个人对其个人信息的处理享有自主决定的权利，个人有权同意他人对其个人信息进行处理，在同意之后可以撤回同意，个人也有权拒绝或者限制他人对其个人信息进行处理。

但是，信息主体的决定权并不是绝对的，如依据法律、法规的规定，不需要取得个人同意即可处理个人信息的情形以及在刑事侦查过程中为确定被害人、犯罪嫌疑人的某些特征依法对人身进行检查等情形。

三、查阅、复制权

《个人信息保护法》第四十五条规定了查阅、复制权。查阅、复制权是指除法律、行政法规有特殊规定的情形，信息主体享有向个人信息处理者查阅、复制其个人信息的权利。查阅、复制权是知情权的应有内容，也是进一步保障信息权利人更正补充权、删除权等权利实现的前提。

根据《个人信息保护法》的规定，个人请求查阅、复制其个人信息的，个人信息处理者应当及时提供。

四、可携带权

《个人信息保护法》第四十五条第三款规定了个人信息可携带权。个人信息可携带权是指个人享有的请求个人信息处理者提供相应的途径，将其个人信息转移至指定的个人信息处理者的权利。同时，立法授权国家网信部门对个人信息可携带权的形式设定条件。

五、更正、补充权

《个人信息保护法》第四十六条规定了更正、补充权。更正、补充权是指在个人发现其个人信息不准确或不完整时，请求个人信息处理者进行相应的更正或者补充的权利。所谓个人信息不准确，是指处理者所处理的个人信息与真实的个人信息不一致，不能反映真实情况。个人信息不完整，是指个人信息存在缺失或者遗漏。

六、删除权

《个人信息保护法》第四十七条规定了删除权。所谓删除权，是指在符合规定的条件时，信息主体有权请求个人信息处理者删除所处理的其个人信息的权利。根据《信息安全技术　个人信息安全规范》(GB/T 35273—2020)的规定，"删除"是指在实现日常业务功能所涉及的系统中去除个人信息的行为，使其保持不可被检索、访问的状态。

根据法律规定，出现以下几种情形时，个人信息处理者应当删除其处理的个人信息，如果没有删除的，个人有权请求删除：

第一，处理的目的已经实现、无法实现或者为实现处理目的不再必要。

第二，个人信息处理者停止提供产品或者服务。

第三，个人信息的保存期限已届满。

第四，个人撤回同意。

第五，个人信息处理者违反法律、行政法规或者违反约定处理个人信息。

第六，法律、行政法规规定的其他情形。

但是，在法律、行政法规规定的保存期限未届满或者删除个人信息在技术上难以实现时，个人信息的删除权将不得或无法行使。

七、解释说明权

《个人信息保护法》第四十八条规定，解释说明权是指个人要求个人信息处理者对其个人信息处理规则进行解释说明的权利。解释说明权是维护公开透明原则以及保障个人对个人信息处理的知情权所必需的。

第五节　个人信息处理者的义务

《个人信息保护法》第五章规定了"个人信息处理者的义务"。这一章中所规定的个人信息处理者的义务并不针对特定的个人信息权利人，也可以称之为"非指向性义务"。

(一) 合规保障义务

《个人信息保护法》第五十一条规定了个人信息处理者的合规保障义务，即个人信息处理者应当根据个人信息的处理目的、处理方式、个人信息的种类以及对个人权益的影响、可能存在的安全风险等，采取下列措施确保个人信息处理活动符合法律、行政法规的规定，并防止未经授权的访问以及个人信息泄露、篡改、丢失：

(1) 制定内部管理制度和操作规程。

(2) 对个人信息实行分类管理。

(3) 采取相应的加密、去标识化等安全技术措施。

(4) 合理确定个人信息处理的操作权限，并定期对从业人员进行安全教育和培训。

(5) 制定并组织实施个人信息安全事件应急预案。

(6) 法律、行政法规规定的其他措施。

(二) 指定个人信息保护负责人义务

根据《个人信息保护法》第五十二条、第五十三条的规定，处理个人信息达到国家网信部门规定数量的个人信息处理者应当指定个人信息保护负责人，负责对个人信息处理活动以及采取的保护措施等进行监督。个人信息处理者应当公开个人信息保护负责人的联系方式，并将个人信息保护负责人的姓名、联系方式等报送履行个人信息保护职责的部门。

中华人民共和国境外的个人信息处理者，应当在中华人民共和国境内设立专门机构或者指定代表，负责处理个人信息保护相关事务，并将有关机构的名称或者代表的姓名、联系方式等报送履行个人信息保护职责的部门。

(三) 合规审计义务

《个人信息保护法》第五十四条对合规审计义务进行了规定。根据该规定，个人信息处理者应当定期对其处理的个人信息遵守法律、行政法规的情况进行合规审计。所谓个人信息合规审计，是指个人信息处理合规审计机构及人员，对个人信息处理者的个人信息处理活动或个人信息处理制度体系是否遵守法律法规、国际标准等规范加以监督、鉴证、评价和建议的过程。

(四) 个人信息保护影响评估义务

《个人信息保护法》第五十五条、第五十六条规定了个人信息保护影响评估制度。根据这一规定，个人信息处理者在处理敏感个人信息、利用个人信息进行自动化决策、委托处理个人信息、向其他个人信息处理者提供个人信息、公开个人信息、向境外提供个人信息以及从事其他对个人权益有重大影响的个人信息处理活动时，应当事前进行个人信息保护影响评估。评估的内容应包括：个人信息的处理目的、方式等是否合法；对个人权益的影响及其安全风险；所采取的保护措施是否合法、有效并与风险程度相适应。评估后应制作评估报告并对处理情况进行记录。个人信息保护影响评估报告和处理情况记录应当至少保存三年。

(五) 补救和通知义务

《个人信息保护法》第五十七条规定，发生或者可能发生个人信息泄露、篡改、丢失的，个人信息处理者应当立即采取补救措施，并通知履行个人信息保护职责的部门和个人。通知应当包括下列事项：

(1) 发生或者可能发生个人信息泄露、篡改、丢失的信息种类、原因和可能造成的危害。

(2) 个人信息处理者采取的补救措施和个人可以采取的减轻危害的措施。

(3) 个人信息处理者的联系方式。

个人信息处理者采取措施能够有效避免信息泄露、篡改、丢失造成危害的，个人信息处理者可以不通知个人；履行个人信息保护职责的部门认为可能造成危害的，有权要求个人信息处理者通知个人。

(六) 大型互联网平台义务

大型互联网平台所承担的个人信息特别保护义务也被学界称之为"守门人"义务。鉴于大型互联网平台控制着移动互联网生态的关键环节，即一个移动 App 无法独立于技术环境和运营环境而单独存在，故此这两个环境决定或制约了移动 App 接入互联网和处理个人信息的能力。而控制技术环境与运营环境的"守门人"扼守了 App 运行的关键环节，其对 App 个人信息保护的技术设置和具体行为具有决定性作用。因此，基于控制理论、经济合理性以及现实的必要性，同时借鉴欧盟《数字市场法》《数字服务法》关于大型在线平台和数字中介服务提供者的规定，我国《个人信息保护法》规定了"守门人"的个人信息保护特别义务。

根据《个人信息保护法》第五十八条的规定，同时具备"提供重要互联网平台服务、用户数量巨大、业务类型复杂"这三个条件的个人信息处理者方属于"守门人义务"的承担者。其义务的具体内容包括：

(1) 按照国家规定建立健全个人信息保护合规制度体系，成立主要由外部成员组成的独立机构对个人信息保护情况进行监督。

(2) 遵循公开、公平、公正的原则，制定平台规则，明确平台内产品或者服务提供者处理个人信息的规范和保护个人信息的义务。

(3) 对严重违反法律、行政法规处理个人信息的平台内的产品或者服务提供者，停止提供服务。

(4) 定期发布个人信息保护社会责任报告，接受社会监督。

第六节　履行个人信息保护职责的部门

一、主管部门

(一) 国家网信部门

根据《个人信息保护法》第六十条的规定，国家网信部门负责统筹协调个人信息保护工作和相关监督管理工作。

国家互联网信息办公室负责的职责范围包括：统筹协调网络安全工作和相关监督管理工作和全国互联网信息内容管理工作。

(二) 国务院有关部门

《个人信息保护法》第六十条规定：国务院有关部门依照本法和有关法律、行政法规的规定，在各自职责范围内负责个人信息保护和监督管理工作。

(三) 县级以上地方人民政府有关部门

《个人信息保护法》第六十条第二款规定：县级以上地方人民政府有关部门的个人信息保护和监督管理职责，按照国家有关规定确定。

二、监管职责

(一) 一般职责

《个人信息保护法》第六十一条规定了履行个人信息保护职责的部门应履行的五项职责，具体包括：

(1) 开展个人信息保护宣传教育，指导、监督个人信息处理者开展个人信息保护工作。

(2) 接受、处理与个人信息保护有关的投诉、举报。

(3) 组织对应用程序等个人信息保护情况进行测评，并公布测评结果。

(4) 调查、处理违法个人信息处理活动。

(5) 法律、行政法规规定的其他职责。

(二) 国家网信部门的统筹和协调职责

按照《个人信息保护法》第六十二条的规定，国家网信部门应统筹协调有关部门依法推进下列个人信息保护工作：

(1) 制定个人信息保护具体规则、标准。

(2) 针对小型个人信息处理者、处理敏感个人信息以及人脸识别、人工智能等新技术、新应用，制定专门的个人信息保护规则、标准。

(3) 支持研究开发和推广应用安全、方便的电子身份认证技术，推进网络身份认证公共服务建设。

(4) 推进个人信息保护社会化服务体系建设，支持有关机构开展个人信息保护评估、认证服务。

(5) 完善个人信息保护投诉、举报工作机制。

(三) 监督检查的措施

根据《个人信息保护法》第六十三条的规定，履行个人信息保护职责的部门履行个人信息保护职责，可以采取以下措施：

(1) 询问有关当事人，调查与个人信息处理活动有关的情况。

(2) 查阅、复制当事人与个人信息处理活动有关的合同、记录、账簿以及其他有关资料。

(3) 实施现场检查，对涉嫌违法的个人信息处理活动进行调查。

(4) 检查与个人信息处理活动有关的设备、物品；对有证据证明是用于违法个人信息处理活动的设备、物品，向本部门主要负责人书面报告并经批准，可以查封或者扣押。

履行个人信息保护职责的部门依法履行职责，当事人应当予以协助、配合，不得拒绝、阻挠。

(四) 监管约谈

《个人信息保护法》第六十四条规定，履行个人信息保护职责的部门在履行职责中，发现个人信息处理活动存在较大风险或者发生个人信息安全事件的，可以按照规定的权限和程序对该个人信息处理者的法定代表人或者主要负责人进行约谈。

(五) 合规审计

《个人信息保护法》第六十四条规定，履行个人信息保护职责的部门在履行职责中，发现个人信息处理活动存在较大风险或者发生个人信息安全事件的，可以要求个人信息处理者委托专业机构对其个人信息处理活动进行合规审计。

(六) 涉嫌犯罪的移送

《个人信息保护法》第六十四条规定，履行个人信息保护职责的部门在履行职责中，发现违法处理个人信息涉嫌犯罪的，应当及时移送公安机关依法处理。

第七节　侵害个人信息权益的法律责任

个人信息权益不仅关系到个人的隐私、安全和尊严，也对社会秩序的稳定以及经济的健康发展有着不可忽视的影响。侵害个人信息权益的法律责任包括了民事责任，行政责任和刑事责任。

一、民事责任

《个人信息保护法》第六十九条第一款规定处理个人信息侵害个人信息权益造成损害，个人信息处理者不能证明自己没有过错的，应当承担损害赔偿等侵权责任。

《个人信息保护法》第六十九条第二款规定了损害赔偿的计算标准，即损害赔偿责任按照个人因此受到的损失或者个人信息处理者因此获得的利益确定；个人因此受到的损失和个人信息处理者因此获得的利益难以确定的，根据实际情况确定赔偿数额。

《个人信息保护法》第七十条规定了个人信息处理者侵害众多个人的权益的，人民检察院、法律规定的消费者组织和由国家网信部门确定的组织可以依法向人民法院提起诉讼。

二、行政责任

(一) 违反法定义务的行政责任

《个人信息保护法》第六十六条规定了处理个人信息时未履行保护义务的行政责任，具体处罚措施包括：责令改正，给予警告，没收违法所得，对违法处理个人信息的应用程序，责令暂停或者终止提供服务；拒不改正的，并处一百万元以下罚款；对直接负责的主管人员和其他直接责任人员处一万元以上十万元以下罚款。情节严重的，由省级以上履行个人信息保护职责的部门责令改正，没收违法所得，并处五千万元以下或者上一年度营业额百分之五以下罚款，并可以责令暂停相关业务或者停业整顿、通报有关主管部门吊销相关业务许可或者吊销营业执照；对直接负责的主管人员和其他直接责任人员处十万元以上一百万元以下罚款，并可以决定禁止其在一定期限内担任相关企业的董事、监事、高级管理人员和个人信息保护负责人。

同时，《个人信息保护法》第六十七条还规定了信用惩戒，即有该法规定的违法行为的，依照有关法律、行政法规的规定记入信用档案，并予以公示。

(二) 行政主体的责任

《个人信息保护法》第六十八条规定，国家机关不履行本法规定的个人信息保护义务的，由其上级机关或者履行个人信息保护职责的部门责令改正；对直接负责的主管人员和其他直接责任人员依法给予处分。履行个人信息保护职责的部门的工作人员玩忽职守、滥用职权、徇私舞弊，尚不构成犯罪的，依法给予处分。

三、刑事责任

与个人信息相关的罪名主要包括侵犯公民个人信息罪、非法获取计算机信息系统数据罪、非法控制计算机信息系统罪、破坏计算机信息系统罪、拒不履行信息网络安全管理义务罪、非法利用信息网络罪等。

【案例讨论】

1. 庞某诉某旅行网站案

庞某从某旅行网站购买某航空公司机票，因个人信息被泄露，将该网站和航空公司告上法庭。法院一审判决驳回了庞某全部诉讼请求。一审判决后，庞某不服，上诉至北京市第一中级人民法院。3月27日下午，北京一中院开庭审理了此案，并当庭改判相关网站和航空公司公开道歉。

庞某于2014年10月委托鲁某通过该旅行网站订购了1张泸州至北京的×航机票，网站订单详情页面显示该订单登记的乘机人信息包括庞某姓名及身份证号，联系人信息、报销信息均为鲁某及其尾号 1858 的手机号。同日，该旅行网站向鲁某尾号 1858 的手机号发送短信，说明订购的机票已出票，并提示警惕以飞机故障、航班取消为诱饵的诈骗短信。

两日后，庞某尾号 9949 的手机号收到了号码为 0085255160529 的发件人发来的短信，内容为庞某订购的上述航班由于机械故障已取消，并提供相关联系号码，要求庞某联系并为其办理改签业务。由于短信号码来源不明，鲁某致电该航空公司客服予以核实。客服人员确认该次航班正常，并提示庞某收到的短信应属诈骗短信。对于诈骗短信为何发至庞某本人，客服人员解释称通过该机票信息可查看到手机号码，可能由订票点泄露了庞某的手机号码。

庞某认为，其在该旅行网站购买×航机票，导致个人信息被泄露，个人隐私权遭到严重侵犯，该网站和航空公司应承担相应侵权责任，故起诉要求两公司在各自的官方网站以公告的形式向其公开赔礼道歉。庞某同时主张，诈骗短信对其行程安排造成困扰，进而影响其工作，故要求赔偿其精神损害抚慰金 1000 元。

一审法院经审理后认为，根据现有证据，法院无法确认该旅行网站和航空公司存在泄露信息的侵权行为，故一审判决驳回了庞某的诉讼请求。

一审判决后，庞某不服，上诉至北京一中院。庞某认为一审法院适用的举证证明责任分配，严重超出庞某的证明能力，该旅行网站和航空公司可能并非能够掌握庞某姓名和手机号的唯一介体，但是庞某此行的航班信息以及因机械故障导致航班取消的航班状态，却无疑属于这两个平台，特别是该航空公司能够唯一性、排他性地获取上诉人的个人隐私信息，具有极强的指向性。庞某的举证行为已经达到民事诉讼高度盖然性的证明标准。被诉的两者在一审中所提供的证据仅能证明其自身系统安全措施完善，但这不等于不会出现侵权的事实。

3 月 27 日下午，北京一中院公开开庭审理了本案。

庭审中，双方围绕着本案涉及的姓名、电话号码及行程安排是否可以通过隐私权纠纷而寻求救济，根据现有证据能否认定涉案隐私信息是由被诉方泄露，被诉航空公司所提出的某公司更有可能泄露庞某信息的责任抗辩事由等三个主要焦点问题展开激烈辩论。

北京一中院经审理认为，根据本案在案证据，鲁某通过该旅行网站为庞某和自己向×航订购了机票，并且仅给该旅行网站留了自己的手机号，而非庞某手机号。但是，由于庞某以前曾经通过该平台订过机票，且是×航常旅客，现有证据显示×航和该旅行网站都留存有庞某手机号。此外，一个难以忽视的背景因素是，在本案所涉事件发生前后的一段时间，这两个被诉方被多家媒体质疑存在泄露乘客信息的情况。这一特殊背景因素又进一步强化了他们泄露庞某隐私信息的可能。另外，尽管×航在当天的庭审中提交了其他航空公司关于此前的信息泄露是犯罪分子所为的新证据，但国家民航局公安局 2014 年 10 月曾发文明确要求航空公司将当时的亚安全模式提升为安全模式。综合以上情况，×航和该旅行网站的安全管理并非没有漏洞，且存在提升的空间。综上，法院认为两个被诉方存在泄露庞某个人隐私信息的高度可能。一审以"无法推论两者存在泄露上述信息的行为"为由驳回庞某诉讼请求，实质上是课以了庞某不可能完成的举证义务，故二审法院予以纠正。被告应当承担侵犯隐私权的相应侵权责任。

最终，北京一中院判决撤销一审判决，改判该旅行网站和该航空公司在判决生效后十日内在其官方网站首页以公告形式向庞某赔礼道歉。驳回庞某的其他诉讼请求。

请问：你是否认可二审判决？为什么？

2. 南京网民诉某搜索引擎侵犯隐私权案

南京市民诸女士在上网过程中发现，某搜索引擎记录和跟踪了自己的搜索内容，侵犯了个人隐私，遂决定起诉其所属公司。2013 年 4 月 17 日，诸女士请来公证员，对自己的取证过程进行了公证。诸女士通过该搜索引擎随意搜索"减肥""人工流产"和"隆胸"三个关键词，然后再登录一些电影网站，这些网站上就会弹出减肥、人流、丰胸的小广告，在相关小广告下面，还附有"××网盟推广官方网站"的网址链接。

2013 年 5 月 6 日，诸女士将该公司告到了南京某区法院。她认为，该公司将她的兴趣爱好、生活学习工作特点等个人隐私信息显露在相关网站上，并利用记录的关键词对自己在浏览网页时进行专定的广告投放，这一系列的行为侵犯了自己的隐私权、知情权和选择权，使自己感到恐惧，精神高度紧张，影响了正常的工作和生活，请求法院判决该公司停止侵害，赔偿精神损害抚慰金 10 000 元，承担公证费 1000 元。

一审中，该公司举证称，他们已在其网站首页《使用××前必读》(以下简称《必读》)中提醒用户，他们将使用 cookie 技术搜集用户使用情况并进行个性化广告推送。同时，还告知用户如何通过修改浏览器设置的方式"选择停用"，以禁止广告推送。该公司认为，此举表明该公司已经保障了用户的知情权和选择权。该公司强调，虽然他们搜集了诸女士的搜索内容，但并不知道其搜集的信息来自诸女士，所以不构成对诸女士隐私的侵犯。

一审法院审理后认为，诸女士的网络活动踪迹反映了个人的兴趣、需求等私人信息，属于个人隐私的范围。该公司对网民进行的相关提示非常不显著。《必读》位于页面最下方，字体较小且呈灰色，对普通网民而言，该提示实在难以识别并加以注意，无法起到规范的说明和提醒作用，不足以让诸女士明了个人的选择权。因此，应认定其侵犯了用户的隐私权。

一审法院还认为该公司侵犯诸女士隐私权的行为，对诸女士的精神安宁和生活安宁带来了一定的影响。考虑到诸女士诉讼中已经了解到了"选择停用"的方法，可以终止该公司的侵权行为，故对诸女士的该项诉讼请求不再进行处理。诸女士未能证明被诉方对自己造成了严重后果，因此对诸女士要求赔偿 10 000 元精神损害抚慰金的诉讼请求不予支持。诸女士主张被诉方赔偿的公证费 1000 元，是其为制止侵权行为所支付的合理开支，故对该诉请予以支持。最终，一审法院判决该公司向诸女士赔礼道歉，并赔偿诸女士公证费损失 1000 元。

宣判后，该公司不服判决，向南京中院上诉请求撤销原判，并驳回诸女士的原审诉讼请求，其主要理由是，其所搜集的仅是网络行为碎片化信息，而非现实世界中具体的个人信息，根本不可能与诸女士发生对应识别关系。对于此种碎片化信息的搜集，不需要相关个人明示同意，更不会侵犯个人的隐私权。他们认为，互联网时代更贴近用户的个性化服务代表着用户的普遍需求，原审判决将极大阻碍互联网新兴技术和业务的正常健康发展，会扼杀互联网新业务的发展空间。

南京中院审理后认为，该公司在《必读》中已经明确告知网络用户使用 cookie 技术的情况，向用户提供了退出机制，尊重了网络用户的选择权。诸女士在该公司已经明确告知上述事项后，仍然使用其搜索引擎服务，应视为对该公司采用默认"选择同意"方式的认可。该公司将《必读》的链接设置于首页下方，与互联网行业通行的设计位置相符，网页风格简洁，并无过多图片和文字，网络用户施以普通注意义务足以发现该链接。诸女士作为网络用户，也应当努力掌握互联网知识和技能，提高适应能力。

该公司在对匿名信息进行搜集、利用时，采取明示告知和默示同意相结合的方式，亦不违反国家对信息行业个人信息保护的公共政策导向，未侵犯网络用户的选择权和知情权。

南京中院认为，根据对个人信息的法规界定，网络用户通过使用搜索引擎形成的检索关键词记录，虽然反映了网络用户的网络活动轨迹及上网偏好，具有隐私属性，但这种网络活动轨迹及上网偏好一旦与网络用户身份相分离，便无法确定具体的信息归属主体，不再属于个人信息范畴。

经查，该公司搜集和推送信息的终端是浏览器，没有定向识别使用该浏览器的网络用户身份。虽然诸女士因长期固定使用同一浏览器，感觉自己的网络活动轨迹和上网偏好被该公司搜集利用，但事实上，该公司在提供个性化推荐服务中没有且无必要将搜索关键词和诸女士的个人身份信息联系起来。因此，该公司利用网络技术提供个性化推荐服务，不符合侵害个人隐私的行为特征。原审法院认定该公司搜集和利用诸女士的个人隐私进行商业活动侵犯了诸女士隐私权，与事实不符。

南京中院认为，个性化推荐服务客观上存在帮助网络用户过滤海量信息的便捷功能，网络用户在免费享受该服务便利性的同时，亦应对个性化推荐服务的不便性持有一定的宽容度。该公司的个性化推荐服务只发生在服务器与特定浏览器之间，没有对外公开宣扬特定网络用户的网络活动轨迹及上网偏好，也没有强制网络用户必须接受该服务，而是提供了相应的退出机制。据此，也可认定个性化推荐服务没有对网络用户的生活安宁产生实质性损害。

综上，南京中院认为，被诉公司的个性化推荐行为不构成侵犯诸女士的隐私权，原审判决认定事实基本清楚，但判定该公司承担侵犯诸女士隐私权的法律责任不当，因此撤销原审判决，驳回诸女士的全部诉讼请求。

请问：你是否支持二审判决？为什么？

【课后思考】

个人信息保护与网络经济的发展之间应当如何协调？

第六章

数据安全法律制度

【本章重点】

1. 数据安全的内涵。
2. 数据安全法律制度的主要内容。
3. 数据跨境流动的法律规则。

第一节　概　　述

数据安全事关公民个人权益、产业健康发展甚至国家安全。2021年9月1日，《中华人民共和国数据安全法》正式施行，将个人、企业和公共机构的数据安全纳入保障体系，规范了行业组织和科研机构等主体的数据安全保护义务，确立了对数据领域的全方位监管、治理和保护。该法规的施行也意味着我国的数据安全治理步入法治化轨道。

一、数据及相关概念

(一) 数据的概念

数据是事实或观察的结果，是对客观事务的逻辑归纳，是用于表示客观事物的未经加工的原始素材。在计算机科学中，数据是指所有能输入到计算机并被计算机程序处理的符号的介质的总称，是用于输入电子计算机进行处理，具有一定意义的数字、字母、符号和模拟量等的通称。在计算机系统中，数据以二进制信息单元0、1的形式表示。

数据与信息既有联系，又有区别。数据是信息的表现形式和载体，可以是符号、文字、数字、语音、图像、视频等。而信息是数据的内涵，信息是加载于数据之上，对数据作具有含义的解释。数据和信息是不可分离的，信息依赖数据来表达，数据则生动具体表达出信息。数据是符号，是物理性的，信息是对数据进行加工处理之后所得到的，并对决策产生影响的数据，是逻辑性和观念性的。

(二) 数据的分类

(1) 按性质的不同，数据可以分为定位数据、定性数据、定量数据、定时数据。定位数据主要是各种坐标数据；定性数据是表示事物属性的数据，如居住地数据、人口数据、自然资源分布数据等；定量数据是反映事物数量特征的数据，如长度、面积、体积等几何量或重量、速度等物理量；定时的数据是反映事物时间特性的数据，如年、月、日、时、分、秒等。

(2) 按表现形式的不同，数据可以分为数字数据、模拟数据。数字数据指取值范围是离散的变量或者数值，如各种统计或量测数据。模拟数据，由连续函数组成，是指在某个区间连续变化的物理量，又可以分为图形数据(如点、线、面)、符号数据、文字数据和图像数据等，如声音的大小和温度的变化等。

(三) 数据库

大量的数据汇集在一起形成数据集合，数据集合的典型形态表现为数据库和数据仓库。数据仓库是一个面向主题的、集成的、相对稳定的、反映历史变化的数据集合，用于支持管理决策。它通常是一个大型的数据存储系统，旨在为用户提供一个全面、一致的数据视图，从而更好地支持决策制定和数据分析。

数据库是依照某种数据模型组织起来并存放于二级存储器中的数据集合。数据库为某个特定目的以最优方式对数据进行逻辑定义，建立数据间的逻辑联系，提供应用服务，实现信息共享；其数据结构独立于使用它的应用程序，对数据的增、删、改和检索由统一软件进行管理和控制。从发展的历史看，数据库是数据管理的高级阶段，它是在文件管理系统上发展起来的。

(四) 大数据

大数据(Big Data)，或称巨量资料，是一种规模大到在获取、存储、管理、分析方面大大超出了传统数据库软件工具能力范围的数据集合，具有海量的数据规模、快速的数据流转、多样的数据类型和价值密度低四大特征。大数据需要特殊的技术，以有效地处理大量的容忍经过时间内的数据。适用于大数据的技术，包括大规模并行处理(MPP)数据库、数据挖掘、分布式文件系统、分布式数据库、云计算平台、互联网和可扩展的存储系统。

二、数据安全的含义

《数据安全法》第三条第三款规定："数据安全，是指通过采取必要措施，确保数据处于有效保护和合法利用的状态，以及具备保障持续安全状态的能力。"有学者认为，数据安全包括"自身安全""自主可控"和"宏观安全"三个层面。其一，"数据自身安全"(Data Security)，即通过身份认证、访问控制、安全管理审计、平台基线配置等大数据平台安全技术，以及数据防泄漏、业务数据风险管理、结构化和非结构化数据保护等安全制度，确保数据的保密性、完整性、可用性。其二，"数据自主可控"(Data Safety)，即国家确保对重要数据拥有实际支配权力，避免其被其他组织或国家非法操纵、监控、窃取和干扰。

其三,"数据宏观安全"(Data Harmony),即防控和管理因数据处理、使用引致的国家主权、公共利益和群体安全的威胁。

计算机系统中存储有大量的重要文件、技术机密、密码信息、商业秘密和个人隐私等重要的数据,系统内的服务器担负着政府机关、企事业单位的关键应用,为领导和决策部门提供综合性的信息查询服务,一旦系统内存储的重要信息遭到外部的恶意攻击或因计算机操作人员的失误而被篡改或丢失,就会给个人、企业和国家带来重大损失。可以说,网络安全主要以保护网络上储存或传输的数据安全为目的,数据安全是网络安全的核心,物理安全和运行安全都是为数据安全服务的。

三、数据安全的标准

由于越来越多的敏感信息存储在网络计算机上,越来越多的工作通过计算机完成,确保网络安全已经成为一个迫切的问题。个人要确保身份信息不被盗窃;企业要确保商业秘密、财产信息、员工和客户身份信息的安全;政府同样要确保其信息的安全。确立网络数据安全标准成为网络信息安全的重要前提。

根据我国的国家标准《信息安全技术——术语》以及《数据安全法》的界定,我们将数据安全界定为:保护、维持数据的保密性、完整性、可用性、真实性、可核查性、抗抵赖性和可靠性。

(1) 保密性。保密性是指使数据不被披露给未授权的个人、实体、进程,或不被其利用的特性。保密性意味着数据只允许授权用户访问和使用。

(2) 完整性。完整性是指数据没有遭受以未授权方式所做的更改或破坏的特性,即要保证系统中存储、传输的信息的准确和完整,不存在存储或传输过程中被非法存取或改变(如偷窃、篡改、删除等),以及不因意外事件而发生信息丢失的情况。

(3) 可用性。可用性是指已授权实体一旦需要就可访问和适用的数据和资源的特性。可用性要求保证系统可以被授权实体访问并按照需求适用,当授权用户需要时能够存取所需的信息。

(4) 真实性。真实性是指确保主体或资源的身份正是所声称的特性。真实性适用于用户、进程、系统和信息之类的实体。

(5) 可核查性。可核查性是指确保可将一个实体的行动唯一地追踪到此实体的特性,即当信息被授权或非法访问、使用时,可以追查到访问人、使用人或其他责任人。

(6) 抗抵赖性。抗抵赖性也称作不可抵赖性、不可否认性,是指在网络信息系统的信息交互过程中所有参与者都不可能否认或抵赖曾经完成的操作的特性。

(7) 可靠性。可靠性是指网络物理安全和网络运行安全,包括硬件可靠性、软件可靠性、通信可靠性、人员可靠性和环境可靠性等方面。数据的可靠性就是要保证数据传输过程中传输信道的安全稳定。

四、我国的数据安全立法

长期以来,中国对数据安全的保障主要依附于对计算机信息系统安全或商业秘密、著作权等权益的保护。"数据安全"作为一种独立的权益并没有得到立法的充分重视。随着信息技术及数据经济的快速发展，数据作为一种新型的、独立的保护对象逐渐获得立法上的认可。2015 年《国家安全法》第二十五条明确提出，"实现网络和信息核心技术、关键基础设施和重要领域信息系统及数据的安全可控"，直接将数据安全上升到国家安全的高度。2017 年《网络安全法》将数据安全纳入网络安全的重要组成部分。网络安全等级保护制度、关键信息基础设施保护制度、个人信息保护制度等为数据安全的落实提供了重要的制度支撑。2018 年《数据安全法》《个人信息保护法》纳入全国人民代表大会常务委员会立法规划，数据安全类专项立法提上日程。2019 年国家互联网信息办公室相继发布《数据安全管理办法(征求意见稿)》《个人信息出境安全评估办法(征求意见稿)》等多个《网络安全法》配套文件。2020 年《民法典》也从民事权益角度明确对"个人信息""数据""虚拟财产"的保护，为数据的民事保护提供了基础法律依据。

2020 年 7 月，《中华人民共和国数据安全法(草案)》(以下简称《草案》)经第十三届全国人大常委会第二十次会议审议后在中国人大网向公众公开征求意见。《草案》的出台意味着一部统一的《数据安全法》即将到来。在中国数据安全形势严峻、数据安全法治尚不健全的背景下，《数据安全法》承载着解决中国数据安全内外部风险、构建数据安全核心制度框架，进而保障个人、公共、国家在大数据时代安全利益的重要使命和期待。在全国人民代表大会发布的草案起草说明中将《数据安全法》定位为数据安全领域的基础性法律。

经过三次审议，2021 年 6 月 10 日，《数据安全法》经十三届全国人大常委会第二十九次会议通过并正式发布，自 2021 年 9 月 1 日起施行。作为我国数据安全领域的基础性法律，《数据安全法》主要有以下三个特点：一是坚持安全与发展并重。该法设专章对支持促进数据安全与发展的措施作了规定，保护个人、组织与数据有关的权益，提升数据安全治理和数据开发利用水平，促进以数据为关键生产要素的数字经济发展。二是加强具体制度与整体治理框架的衔接。从基础定义、数据安全管理、数据分类分级、重要数据出境等方面，进一步加强与《网络安全法》等法律的衔接，完善我国数据治理法律制度建设。三是回应社会关切，加大违法行为处罚力度，建设重要数据管理、行业自律管理、数据交易管理等制度，回应实践问题及社会关切。

《数据安全法》完善了国家数据安全工作的体制、机制，规定了中央国家安全领导机构负责国家数据安全工作的决策和议事协调等职责，并提出建立国家数据安全工作协调机制。在网络数据安全工作方面，专门明确了国家网信部门依照本法和有关法律、行政法规的规定，负责统筹协调网络数据安全和相关监管工作。

《数据安全法》重点确立了数据安全保护的各项基本制度，完善了数据分类分级、重要数据保护、跨境数据流动和数据交易管理等多项重要制度，形成了我国数据安全的顶层设计。

第二节　数据安全制度

一、数据分类分级保护制度

《数据安全法》第二十一条规定，根据数据在经济社会发展中的重要程度，以及一旦遭到篡改、破坏、泄露或者非法获取、非法利用,对国家安全、公共利益或者个人、组织合法权益造成的危害程度,对数据实行分类分级保护,并明确加强对重要数据的保护,对关系国家安全、国民经济命脉、重要民生、重大公共利益等内容的国家核心数据,实行更加严格的管理制度。《数据安全法》针对重要数据在管理形式和保护要求上提出了严格和明确的保护制度。

在管理形式上,《数据安全法》采用目录管理的方式,明确将"确定重要数据目录"纳入国家层面管理事项,国家数据安全工作协调机制统筹协调有关部门制定重要数据目录。而各地区、各部门制定本地区、本部门及相关行业、领域的重要数据具体目录,有利于形成国家与各地方、各部门管理权限之间的合理协调机制,推动重要数据统一认定标准的建立。

在保护要求上,《数据安全法》在一般保护之外,强化了重要数据、核心数据的保护要求。一是规定数据处理者开展数据处理活动应当依照法律法规的规定,建立健全全流程数据安全管理制度,组织开展数据安全教育培训,采取相应的技术措施和其他必要措施,保障数据安全;二是规定了重要数据处理者"明确数据安全负责人和管理机构"的义务,要求重要数据处理者在内部作出明确的责任划分,落实数据安全保护责任;三是规定了重要数据处理者进行风险评估的要求,重要数据处理者应当按照规定对其数据处理活动定期开展风险评估,并向有关主管部门报送风险评估报告。风险评估报告应当包括处理的重要数据的种类、数量,开展数据处理活动的情况,面临的数据安全风险及其应对措施等。

2025 年 1 月 1 日,《网络数据安全管理条例》正式实施。《网络数据安全管理条例》对于数据分类分级保护制度进行了进一步的规定:国家根据网络数据在经济社会发展中的重要程度,以及一旦遭到篡改、破坏、泄露或者非法获取、非法利用,对国家安全、公共利益或者个人、组织合法权益造成的危害程度,对网络数据实行分类分级保护。国家列入重要数据目录的数据进行重点保护。各地区、各部门应当按照国家数据分类分级要求,对本地区、本部门以及相关行业、领域的数据进行分类分级管理。目前,重庆、上海、深圳等地先后出台了数据管理领域的地方性法规,对数据分级分类管理进行了相应规定。

二、数据安全风险防控机制

《数据安全法》建立了数据安全风险评估、报告、信息共享、监测预警和应急处置机制,通过对数据安全风险信息的获取、分析、研判、预警以及数据安全事件发生后的应急处置,实现数据安全事前、事中和事后的全流程保障。

《数据安全法》第二十二条规定:"国家建立集中统一、高效权威的数据安全风险评估、报告、信息共享、监测预警机制。国家数据安全工作协调机制统筹协调有关部门加强数据安全风险信息的获取、分析、研判、预警工作。"该法第二十九条规定:"开展数据处理活动应当加强风险监测,发现数据安全缺陷、漏洞等风险时,应当立即采取补救措施……"从制度衔接上看,数据安全风险评估、报告、信息共享、监测预警机制是国家安全制度的组成部分。《国家安全法》第四章第三节建立了风险预防、评估和预警的相关制度,规定国家制定完善应对各领域国家安全风险预案。数据安全风险评估、报告、信息共享、监测预警机制是《国家安全法》规定的风险预防、评估和预警相关制度在数据安全领域的具体落实。从保护阶段上看，数据安全风险评估、报告和信息共享构成了数据安全保护的事前保护义务，监测预警机制构成了数据安全保护的事中保护义务，数据安全事件的应急处置机制形成了对数据安全的事后保护。

对于重要数据及出境数据的风险评估，现有相关制度作出了一系列要求。

《数据安全法》第三十条规定："重要数据的处理者应当按照规定对其数据处理活动定期开展风险评估，并向有关主管部门报送风险评估报告。风险评估报告应当包括处理的重要数据的种类、数量，开展数据处理活动的情况，面临的数据安全风险及其应对措施等。"

《网络数据安全管理条例》第三十八条规定，网络数据处理者在中华人民共和国境内运营中收集和产生的重要数据确需向境外提供的，应当通过国家网信部门组织的数据出境安全评估。网络数据处理者按照国家有关规定识别、申报重要数据，但未被相关地区、部门告知或者公开发布为重要数据的，不需要将其作为重要数据申报数据出境安全评估。通过数据出境安全评估后，网络数据处理者向境外提供个人信息和重要数据的，不得超出评估时明确的数据出境目的、方式、范围和种类、规模等。

数据处理者开展共享、交易、委托处理、向境外提供重要数据的安全评估，应当重点评估以下内容：

(1) 共享、交易、委托处理、向境外提供数据，以及数据接收方处理数据的目的、方式、范围等是否合法、正当、必要。

(2) 共享、交易、委托处理、向境外提供数据被泄露、毁损、篡改、滥用的风险，以及对国家安全、经济发展、公共利益带来的风险。

(3) 数据接收方的诚信状况、守法情况、境外政府机构合作关系、是否被中国政府制裁等背景情况，承诺承担的责任以及履行责任的能力等是否能够有效保障数据安全。

(4) 与数据接收方订立的相关合同中关于数据安全的要求能否有效约束数据接收方履行数据安全保护义务。

(5) 在数据处理过程中的管理和技术措施等是否能够防范数据泄露、毁损等风险。

评估认为可能危害国家安全、经济发展和公共利益，数据处理者不得共享、交易、委托处理、向境外提供数据。

三、数据安全应急处置机制

《数据安全法》第二十三条规定："国家建立数据安全应急处置机制。发生数据安全事件，有关主管部门应当依法启动应急预案，采取相应的应急处置措施，防止危害扩大，消除安全隐患，并及时向社会发布与公众有关的警示信息。"

《网络数据安全管理条例》第十一条、第三十条规定：网络数据处理者应当建立健全网络数据安全事件应急预案，发生网络数据安全事件时，应当立即启动预案，采取措施防止危害扩大，消除安全隐患，并按照规定向有关主管部门报告。网络数据安全事件对个人、组织合法权益造成危害的，网络数据处理者应当及时将安全事件和风险情况、危害后果、已经采取的补救措施等，以电话、短信、即时通信工具、电子邮件或者公告等方式通知利害关系人；法律、行政法规规定可以不通知的，从其规定。网络数据处理者在处置网络数据安全事件过程中发现涉嫌违法犯罪线索的，应当按照规定向公安机关、国家安全机关报案，并配合开展侦查、调查和处置工作。重要数据的处理者应当：明确网络数据安全负责人和网络数据安全管理机构；制定实施网络数据安全管理制度、操作规程和网络数据安全事件应急预案；定期组织开展网络数据安全风险监测、风险评估、应急演练、宣传教育培训等活动，及时处置网络数据安全风险和事件。

四、数据安全审查制度

《数据安全法》第二十四条规定，国家建立数据安全审查制度，对影响或者可能影响国家安全的数据处理活动进行国家安全审查。依法作出的安全审查决定为最终决定。

《网络数据安全管理条例》第十三条规定，网络数据处理者开展网络数据处理活动，影响或者可能影响国家安全的，应当按照国家有关规定进行国家安全审查。

2022年2月15日，修订后的《网络安全审查办法》正式施行，网络安全审查制度的具体内容详见本书相关章节。

五、数据出口管制制度

《数据安全法》第二十五条规定："国家对与维护国家安全和利益、履行国际义务相关的属于管制物项的数据依法实施出口管制。"

《数据安全法》对数据的出境管理进行了补充和完善。

(1) 针对重要数据完善了跨境数据流动制度。《数据安全法》在《网络安全法》第三十七条的基础之上规定："其他数据处理者在中华人民共和国境内运营中收集和产生的重要数据的出境安全管理办法，由国家网信部门会同国务院有关部门制定。"这使其既与《网络安全法》相衔接，也实现了对所有重要数据出境的安全保障。

(2) 通过出口管制的形式限制了管制物项数据的出口。《数据安全法》第二十五条的规定明确将数据出口管制纳入数据安全管理工作中，实现了与《中华人民共和国出口管制法》的衔接，有利于从维护国家安全的角度限制相关数据的出境，对整体跨境数据流动制度进行补充。

(3) 对外国司法、执法机构调取我国数据的情况进行了规定。《数据安全法》第三十六条首先明确"中华人民共和国主管机关根据有关法律和中华人民共和国缔结或者参加的国际条约、协定，或者按照平等互惠原则，处理外国司法或者执法机构关于提供数据的请求。"该条目同时规定"非经中华人民共和国主管机关批准"不得向境外执法或司法机构提供境内数据，并对违法违规提供数据的行为，明确了包括警告、罚款等在内的行政处罚措施。这一制度的设置体现了对合法合规向外国司法或者执法机构提供数据的重视，明确了我国处理外国司法或者执法机构关于提供数据请求的一般原则，同时也是依法应对少数国家肆意滥用长臂管辖，防范我国境内数据被外国司法或执法机构不当获取。

六、数据领域对等反歧视制度

《数据安全法》第二十六条规定："任何国家或者地区在与数据和数据开发利用技术等有关的投资、贸易等方面对中华人民共和国采取歧视性的禁止、限制或者其他类似措施的，中华人民共和国可以根据实际情况对该国家或者地区对等采取措施。"

对等原则是国际投资与贸易的基本原则之一，对此，我国《外商投资法》已经做了明确的规定，任何国家或者地区在投资方面对中华人民共和国采取歧视性的禁止、限制或者其他类似措施的，中华人民共和国可以根据实际情况对该国家或者该地区采取相应的措施。《数据安全法》的规定反映了当前主要大国之间围绕网络安全与数据安全进行激烈博弈的现状。《数据安全法》对于与数据和数据开发利用技术等有关的投资、贸易方面的歧视性政策以对等原则进行反制，是维护中国数据安全及中国企业开展正常数据活动的必要措施。

第三节 数据安全保护义务

总体上，根据《数据安全法》第四章的规定，数据安全保护义务涵盖了所有数据处理者均需履行的一般数据安全保护义务与重要数据处理者需要履行的特殊数据安全保护义务。

一、一般数据安全保护义务

一般数据安全保护义务是指所有数据处理者均需遵循的数据安全保护义务。根据《数据安全法》第二十七条、第二十八条、第三十二条、第三十四条、第三十五条的规定，一般数据安全保护义务主要包括以下内容。

（一）管理义务

根据《数据安全法》第二十七条的规定，"开展数据处理活动应当依照法律、法规的规定，建立健全全流程数据安全管理制度，组织开展数据安全教育培训，采取相应的技术措施和其他必要措施，保障数据安全。利用互联网等信息网络开展数据处理活动，应当在网络安全等级保护制度的基础上，履行上述数据安全保护义务。"

（二）符合社会公共利益义务

根据《数据安全法》第二十八条的规定，"开展数据处理活动以及研究开发数据新技术，应当有利于促进经济社会发展，增进人民福祉，符合社会公德和伦理。"

（三）风险处置义务

根据《数据安全法》第二十九条的规定，"开展数据处理活动应当加强风险监测，发现数据安全缺陷、漏洞等风险时，应当立即采取补救措施；发生数据安全事件时，应当立即采取处置措施，按照规定及时告知用户并向有关主管部门报告。"

（四）守法义务

根据《数据安全法》第三十二条的规定，"任何组织、个人收集数据，应当采取合法、正当的方式，不得窃取或者以其他非法方式获取数据。法律、行政法规对收集、使用数据的目的、范围有规定的，应当在法律、行政法规规定的目的和范围内收集、使用数据。"

(五) 取得行政许可的义务

根据《数据安全法》第三十四条的规定，"法律、行政法规规定提供数据处理相关服务应当取得行政许可的，服务提供者应当依法取得许可。"

(六) 协助执法义务

根据《数据安全法》第三十五条的规定，"公安机关、国家安全机关因依法维护国家安全或者侦查犯罪的需要调取数据，应当按照国家有关规定，经过严格的批准手续，依法进行，有关组织、个人应当予以配合。"

二、特殊数据安全保护义务

《数据安全法》对于重要数据处理者有更为严格的要求，重要数据处理者除需履行一般数据安全保护义务之外，为了重要数据安全保护的需要，还应履行其他几项义务。

(一) 落实数据安全保护责任义务

根据《数据安全法》第二十七条第二款的规定，"重要数据的处理者应当明确数据安全负责人和管理机构，落实数据安全保护责任。"

(二) 风险评估义务

根据《数据安全法》第三十条的规定，"重要数据的处理者应当按照规定对其数据处理活动定期开展风险评估，并向有关主管部门报送风险评估报告。风险评估报告应当包括处理的重要数据的种类、数量，开展数据处理活动的情况，面临的数据安全风险及其应对措施等。"

(三) 接受数据出境审查义务

根据《数据安全法》第三十一条的规定，"关键信息基础设施的运营者在中华人民共和国境内运营中收集和产生的重要数据的出境安全管理，适用《中华人民共和国网络安全法》的规定；其他数据处理者在中华人民共和国境内运营中收集和产生的重要数据的出境安全管理办法，由国家网信部门会同国务院有关部门制定。"

因此，对于关键信息基础设施的运营者在境内收集、产生的数据的出境安全管理，应当适用《网络安全法》第三十七条的规定，即关键信息基础设施的运营者在中华人民共和国境内运营中收集和产生的个人信息和重要数据应当在境内存储。因业务需要，确需向境外提供的，应当按照国家网信部门会同国务院有关部门制定的办法进行安全评估；法律、行政法规另有规定的，依照其规定。

除了前述数据安全保护义务之外，《数据安全法》第三十三条还规定了"从事数据交易中介服务的机构提供服务，应当要求数据提供方说明数据来源，审核交易双方的身份，并留存审核、交易记录"的义务。该法第三十六条规定了向外国司法或执法机构提供数据的规则。

第四节　政务数据安全与开放

数据已经成为促进经济发展和技术创新的全新驱动力，放眼全球，为提升公共数据资源利用率，加速政府公共数据开放已成趋势。

《数据安全法》第五章对政务数据安全与开放提出了基本要求。

一、政务数据安全保护制度

(一) 国家机关收集、使用数据的基本规则

根据《数据安全法》第三十八条的规定，"国家机关为履行法定职责的需要收集、使用数据，应当在其履行法定职责的范围内依照法律、行政法规规定的条件和程序进行；对在履行职责中知悉的个人隐私、个人信息、商业秘密、保密商务信息等数据应当依法予以保密，不得泄露或者非法向他人提供。"

(二) 建立数据安全管理制度

根据《数据安全法》第三十九条的规定，"国家机关应当依照法律、行政法规的规定，建立健全数据安全管理制度，落实数据安全保护责任，保障政务数据安全。"

(三) 委托处理规则

根据《数据安全法》第四十条的规定，"国家机关委托他人建设、维护电子政务系统，存储、加工政务数据，应当经过严格的批准程序，并应当监督受托方履行相应的数据安全保护义务。受托方应当依照法律、法规的规定和合同约定履行数据安全保护义务，不得擅自留存、使用、泄露或者向他人提供政务数据。"

(四) 地方性法规中的安全保护制度

为了进一步保障政务数据的安全，为政务数据开放和大数据发展奠定坚实的基础，各地方也在积极探索政务数据安全管理规则。《浙江省公共数据条例》(以下简称《条例》)，是全国首部公共数据领域的地方性法规，由浙江省第十三届人民代表大会第六次会议通过，自2022年3月1日起施行，为充分激发公共数据新型生产要素价值、推动治理能力现代化提供了浙江制度样本。

数据安全事关国家安全与经济社会发展，《条例》设置专章通过健全公共数据安全管理规范，确保公共数据全生命周期安全。《条例》在上位法基础上补充规定以下内容：第一，落实数据安全主体责任，确立谁收集谁负责、谁使用谁负责、谁运行谁负责的数据安全责任制，明确相关部门的主要负责人是本单位数据安全工作第一责任人，并对数据安全监管职责分工作了规定。第二，建立数据处理安全评估制度，规定因数据汇聚、关联分析

等原因，可能产生涉密、敏感数据的，应当进行安全评估，并根据评估意见采取相应的安全措施。第三，强化对第三方服务机构的监管，要求进行安全审查，签订服务安全保护及保密协议，并规定第三方服务机构的相应法律责任。第四，强化数据开放过程中的安全风险防控，规定中止开放等风险处置措施。

二、政务数据开放管理制度

《数据安全法》第五章对于政务数据开放进行了原则性规定，具体内容包括政务数据运用的目标和要求、政务数据开放原则以及开放目录与平台建设。

《数据安全法》第三十七条规定，"国家大力推进电子政务建设，提高政务数据的科学性、准确性、时效性，提升运用数据服务经济社会发展的能力。"这一条款进一步明确了政务数据运用的目标和要求。《数据安全法》第四十一条规定，"国家机关应当遵循公正、公平、便民的原则，按照规定及时、准确地公开政务数据。依法不予公开的除外。"《数据安全法》第四十二条对于政务开放目录与平台建设提出了原则性要求，"国家制定政务数据开放目录，构建统一规范、互联互通、安全可控的政务数据开放平台，推动政务数据开放利用。"

在《数据安全法》制度框架内，各地方也积极展开政务数据开放的制度与实践探索。《浙江省公共数据条例》设专章对公共数据开放与利用进行了规定。

为了在保障数据安全的前提下推动公共数据有序开放，《条例》主要规定了以下制度：

(1) 要求分类开放。根据风险程度，将公共数据分为无条件开放、受限开放、禁止开放数据三类，并列举禁止开放、受限开放的具体情形。

(2) 明确开放范围和重点。要求制定开放目录和年度开放重点清单，优先开放与民生紧密相关、社会迫切需要等方面的数据。

(3) 规定开放属性确定机制。要求公共管理和服务机构对收集、产生的数据进行评估，科学确定开放属性，并明确争议解决机制。

(4) 明确受限开放条件和要求。规定申请获取受限开放数据应当具备数据存储、处理和安全防护能力等条件，并要求签订安全承诺书和开放利用协议，落实安全保障措施。

第五节　数据跨境流动法律制度

一、数据跨境流动的内涵

对于跨境数据流动国际上没有统一的定义。联合国跨国公司中心(UNCTC)认为，跨境数据流动是指跨越国界对储存在计算机中的机器可读的数据进行处理、存储和检索。经济合作与发展组织(OECD)对跨境数据流动的定义是个人数据跨越国界流动。《澳大利亚隐私法》中的 13 项个人隐私原则中对"数据的国际流动"进行了规定，要求机构向海外组织或信息主体以外的某人传送信息应该受到一定的制约。澳大利亚法律改革委员会(ALRC)认为，跨境数据流动应当以是否被澳大利亚国界以外接入进行区分。如果个人信息在澳大利亚境内存储，却被位于澳大利亚之外的单位接入或浏览，那么这便可视为是一次数据转移，应当遵循"跨境数据流动原则"。如果信息仅仅是通过路由器暂时在澳大利亚以外存储，并没有被接入，那么不适用"跨境数据流动原则"。

我国学者提出："数据跨境流动"即在一国内生成电子化的信息记录被他国境内的私主体或公权力机关读取、存储、使用或加工(合称'处理')。就流动方向而言，其可分为"跨境流出"和"跨境流入"；就处理主体而言，其可分为"私主体跨境处理"和"公权力机关跨境处理"。

在"数据入境"的场景中，国家管制体现为对一国之内个人、企业或其他私人组织对境外数据处理的限制。一国对"数据入境"的管控，基本出于国家安全、文化安全以及民族认同、意识形态等原因。

在"数据出境"的场景中，国家管控体现为对一国境内的数据被他国个人、企业或其他私人组织处理的限制。

二、我国对于数据跨境流动的规制

(一) 基本框架

为了适应数据流动的需要，兼顾自由与安全，我国《数据安全法》《个人信息保护法》《网络安全法》初步划定了数据跨境流动的基本原则，在数据分级分类保护制度的基础上，确立了不同数据的出境安全管理规则。根据《数据安全法》的规定，我国数据可区分为国家核心数据、重要数据和一般数据。

国家核心数据的跨境流动应遵循更严格的审查规则。《数据安全法》第二十一条第二款规定，对"关系国家安全、国民经济命脉、重要民生、重大公共利益等"国家核心数据实行"更加严格的管理制度"。这意味着国家核心数据的跨境流动应遵循更严格的安全审查规则，且依据《数据安全法》第二十五条的规定，国家对"与维护国家安全和利益、履行国际义务相关的属于管制物项的数据"，依法实施出口管制。

重要数据的跨境流动应遵循法律法规确立的出境安全审查规则。依据数据处理主体的不同，重要数据区分为关键信息基础设施运营者收集和产生的重要数据以及其他数据处理者收集和产生的重要数据。对于关键信息基础设施运营者收集和产生的重要数据的跨境流动，《数据安全法》规定要依据《网络安全法》相关规定进行安全审查。对于其他数据处理者收集和产生的重要数据的跨境流动，《数据安全法》第三十一条规定，"其他数据处理者在中华人民共和国境内运营中收集和产生的重要数据的出境安全管理办法，由国家网信部门会同国务院有关部门制定。"

一般数据在遵循平等互惠等原则基础上基本可实现自由流动。对国家核心数据和重要数据之外一般数据的跨境流动，数据安全法并未作明确限定。这意味着这类数据的跨境流动基本可实现自由流动。纵观《数据安全法》和《网络安全法》的相关规定，一般数据的跨境流动可能受到三方面限制：一是对自愿参与关键信息基础设施保护体系的一般数据，依据关键信息基础设施收集和产生数据的跨境流动规则进行审查。《网络安全法》第三十一条第二款规定："国家鼓励关键信息基础设施以外的网络运营者自愿参与关键信息基础设施保护体系。"二是一般数据的处理活动如果"影响或可能影响国家安全"也应进行国家安全审查。《数据安全法》第二十四条第一款规定："对影响或者可能影响国家安全的数据处理活动进行国家安全审查。"三是依据平等原则对一般数据的跨境流动进行限制。《数据安全法》第二十六条规定："任何国家或者地区在与数据和数据开发利用技术等有关的投资、贸易等方面对中华人民共和国采取歧视性的禁止、限制或者其他类似措施的，中华人民共和国可以根据实际情况对该国家或者地区对等采取措施。"

《数据安全法》对司法和执法领域数据出境作了专门规定。《数据安全法》第三十六条对境外司法机构或者执法机构跨境调取数据进行专门规定，确立了与普通数据不同的跨境流动规则。处理调取数据司法协助或执法合作请求时，应当依据条约、协定或平等互惠原则进行。为了特定的司法或执法目的，境外司法或执法机构可以向中国提出司法协助或执法合作请求，但这种合作应建立在平等互惠原则的基础之上。因此，《数据安全法》第三十六条规定，"按照平等互惠原则，处理外国司法或者执法机构关于提供数据的请求"，限制境外司法或执法机构直接向中国境内组织或个人调取数据的做法。《数据安全法》第三十六条规定："非经中华人民共和国主管机关批准，境内的组织、个人不得向外国司法或者执法机构提供存储于中华人民共和国境内的数据。"这与国际刑事司法协助法、个人信息保护法等法律的规定一致，体现了我国对这一问题的基本态度和思路。

(二) 个人信息跨境流动规则

《个人信息保护法》建立了我国个人信息跨境流动制度的顶层设计，改变了个人信息跨境流动制度零散无体系且效力位阶较低的情况，构建了清晰系统的制度框架。个人信息跨境流动制度是数据跨境流动中最为重要的内容之一。我国《个人信息保护法》与《民法典》《网络安全法》《数据安全法》等多部法律，与法规、部门规章、行业和技术标准等共同构成了我国个人信息跨境流动的法律制度有机体系。

《个人信息保护法》与我国现行多部法律联动形成了保护公民个人信息权益的架构。

第一，《个人信息保护法》将《民法典》中保护平等主体个人信息的规定特别化、具体化。《民法典》在我国首次明确将个人信息权益作为法律保护的对象，区分保护了隐私与个人信息。而《个人信息保护法》则进一步明确了个人信息的概念和范畴，以"可识别性"作为判定个人信息范围的标准。在未来的侵害个人信息权益的案件中，如何判定加害人的行为是否侵害个人信息，应本着特别法优于普通法的原则，将"可识别性"作为判定个人信息的标准。《个人信息保护法》也为未来个人信息范围的划定预留了空间，因为"可识别性"是一个随着技术发展而动态革新的概念。随着数据分析范围的扩大、数据分析技术的增强、可对比信息丰富，个人信息被识别的可能性也在不断增加。

第二，《个人信息保护法》与《网络安全法》第四章从不同角度强化了个人信息的法律保护。2016 年制定的《网络安全法》将个人信息作为网络安全的重要内容，主要从安全层面上规定了网络运营者的安全保障义务、告知义务、保密义务等。个人信息保护是一个公私联动的重大工程。《个人信息保护法》属于新法，并且更加具体与细致，接过了我国个人信息保护的"接力棒"。尤其在关键信息基础设施运营者与个人信息处理者的义务中，《个人信息保护法》做出了覆盖个人信息全生命周期的安排。

第三，《个人信息保护法》与《数据安全法》互为补充。《数据安全法》为个人信息跨境流动制度确立了安全与自由的基本原则，规定"国家保护个人、组织与数据有关的权益，鼓励数据依法合理有效利用，保障数据依法有序自由流动，促进以数据为关键要素的数字经济发展"。随着数字经济的发展，业内逐渐认识到不同数据所蕴含价值和主权属性并不相同。它关系国家安全、公共利益与个人隐私等重要价值，因此需对不同数据进行分级分类的保护，我国数据跨境流动立法也以此作为主导思想。

第四，《个人信息保护法》与《电子商务法》《消费者权益保护法》《中华人民共和国商业银行法》等专门性法律形成了一般法与特别法的关系。在涉及电商平台用户跨境流动、消费者个人信息跨境存储、银行用户个人金融等敏感信息跨境流动的具体制度问题上，《个人信息保护法》提供了一般性规则，可有效为专门法律的未尽事宜提供指导原则。

与此同时，近三年来国内密集起草制订了多部法规、规章与规范性文件，为个人信息跨境流动提供了不同行业领域与场景的具体制度。

第一，规范文件和标准文件对具体制度的规定。《信息安全技术　个人信息安全规范》进行个人信息示例及个人敏感信息判定，规范了个人信息流转过程中的合法化要求、最小化要求、授权同意、明示同意和隐私政策内容及发布；《个人信息出境安全评估办法(征求意见稿)》(2019 年)则明确了个人数据出境评估关键要素与评估方法。《信息安全技术　数据出境安全评估指南(草案)》(2017 年)进行了术语界定，明确了数据出境安全的总体评估流程，并且列举了评估要点，对数据接收方安全保护能力作出了规定。这都对个人信息出境安全评估以及数据接收方的要求等做出了更为明确和细致的指引。

第二，各个行业相关规范对不同场景个人信息流动的细分。《保守国家秘密法》《征信业管理条例》等法律法规也对特定行业、特定领域的跨境数据流动作了一些基本规定。中国人民银行对个人金融信息数据，国家卫健委对涉及人口健康信息数据，交通运输部、工信部等六部委颁布的《网络预约出租汽车经营服务管理暂行办法》对网约车所采集的个人信息和生成的业务数据等，都要求在中国境内存储。《汽车数据安全管理若干规定(试行)》在涉及智能驾驶汽车的个人信息和数据跨境流动方面作出规定。可以预见，随着各个行业数字化进程的加深，个人信息跨境流动的行业和场景规范将更加丰富。

由此可见，《个人信息保护法》标志着我国数据跨境流动制度基本建立完成。毫无疑问，数据跨境流动的一般条款也适用于个人信息跨境流动。单一的数据本地化和限制性出境管理模式已经不能适应我国数字经济全球化和国内头部企业出海的制度需求。《个人信息保护法》同多部法律法规与行业规范技术标准，共同建立了我国包含数据本土化、数据出境合理限制、自由流动等多种监管模式和监管机制相结合的个人信息跨境流动法律体系。

第六节　法律责任

《数据安全法》第六章对不履行数据安全保护义务的法律责任进行了规定。总体来看，《数据安全法》所构建的责任体系涵盖了事前预防与事后惩处两个方面；该法既包括对从事数据处理活动的组织、个人的法律责任的规定，也包括对国家机关及履行数据安全监管职责的国家工作人员的法律责任的规定。

一、主管部门对数据安全风险的前置处理

根据《数据安全法》第四十四条的规定，"有关主管部门在履行数据安全监管职责中，发现数据处理活动存在较大安全风险的，可以按照规定的权限和程序对有关组织、个人进

行约谈，并要求有关组织、个人采取措施进行整改，消除隐患。"

这一规定是基于风险管理的需要，基于主管部门所掌握的信息对尚未发生数据安全问题的组织和个人进行预防性处理的机制。

二、不履行数据安全保护义务的法律责任

《数据安全法》第四十五条规定了不履行数据安全保护义务的法律责任。根据该条规定，开展数据处理活动的组织、个人不履行"建立健全全流程数据安全管理制度，组织开展数据安全教育培训，采取相应的技术措施和其他必要措施，保障数据安全""加强风险监测，发现数据安全缺陷、漏洞等风险时，应当立即采取补救措施；发生数据安全事件时，应当立即采取处置措施，按照规定及时告知用户并向有关主管部门报告"义务，以及重要数据处理者不履行"按规定对其数据处理活动定期开展风险评估，并向有关主管部门报送风险评估报告"义务等数据安全保护义务的，由有关主管部门责令改正，给予警告，可以并处五万元以上五十万元以下罚款，对直接负责的主管人员和其他直接责任人员可以处一万元以上十万元以下罚款；拒不改正或者造成大量数据泄露等严重后果的，处五十万元以上二百万元以下罚款，并可以责令暂停相关业务、停业整顿、吊销相关业务许可证或者吊销营业执照，对直接负责的主管人员和其他直接责任人员处五万元以上二十万元以下罚款。

违反国家核心数据管理制度，危害国家主权、安全和发展利益的，由有关主管部门处二百万元以上一千万元以下罚款，并根据情况责令暂停相关业务、停业整顿、吊销相关业务许可证或者吊销营业执照；构成犯罪的，依法追究刑事责任。

三、违反数据出境管理规定的法律责任

根据《数据安全法》第四十六条的规定，数据处理者违反数据出境管理规定，向境外提供重要数据的，由有关主管部门责令改正，给予警告，可以并处十万元以上一百万元以下罚款，对直接负责的主管人员和其他直接责任人员可以处一万元以上十万元以下罚款；情节严重的，处一百万元以上一千万元以下罚款，并可以责令暂停相关业务、停业整顿、吊销相关业务许可证或者吊销营业执照，对直接负责的主管人员和其他直接责任人员处十万元以上一百万元以下罚款。

四、从事数据交易中介服务的机构未履行说明审核义务的法律责任

根据《数据安全法》第四十七条的规定，从事数据交易中介服务的机构在提供服务过程中，未履行"要求数据提供方说明数据来源，审核交易双方的身份，并留存审核、交易记录"的义务时，由有关主管部门责令改正，没收违法所得，处违法所得一倍以上十倍以下罚款，没有违法所得或者违法所得不足十万元的，处十万元以上一百万元以下罚款，并可以责令暂停相关业务、停业整顿、吊销相关业务许可证或者吊销营业执照；对直接负责的主管人员和其他直接责任人员处一万元以上十万元以下罚款。

五、拒不配合数据调取的法律责任

根据《数据安全法》第四十八条的规定，拒不配合公安机关、国家安全机关因依法维

护国家安全或者侦查犯罪的证据调取的，由有关主管部门责令改正，给予警告，并处五万元以上五十万元以下罚款，对直接负责的主管人员和其他直接责任人员处一万元以上十万元以下罚款。未经主管机关批准向外国司法或者执法机构提供数据的，由有关主管部门给予警告，可以并处十万元以上一百万元以下罚款，对直接负责的主管人员和其他直接责任人员可以处一万元以上十万元以下罚款；造成严重后果的，处一百万元以上五百万元以下罚款，并可以责令暂停相关业务、停业整顿、吊销相关业务许可证或者吊销营业执照，对直接负责的主管人员和其他直接责任人员处五万元以上五十万元以下罚款。

六、国家机关不履行数据安全保护义务的法律责任

根据《数据安全法》第四十九条的规定，国家机关不履行本法规定的数据安全保护义务的，对直接负责的主管人员和其他直接责任人员依法给予处分。

七、监管人员的行政责任

根据《数据安全法》第五十条的规定，履行数据安全监管职责的国家工作人员玩忽职守、滥用职权、徇私舞弊的，依法给予处分。

【案例讨论】

××证券因交易系统数据安全问题受处罚案

××证券于 2021 年 5 月 18 日发生集中交易系统部分中断，影响交易时间合计约 20 分钟，按照《证券期货业信息安全事件报告与调查处理办法》第十二条的规定，该事件达到较大信息安全事件标准。经北京证监局事后调查发现，××证券信息技术部门有关人员在应急处置过程中删除了相关日志及数据库信息，且未进行备份，导致始终无法确定本次信息安全事件的真实原因，公司在第一次报告中未如实报告应急处理不当的情况。

对此，北京证监局认为，××证券在信息安全管理和信息安全事件应对方面存在缺陷，违反了《证券基金经营机构信息技术管理办法》的相关规定。北京证监局要求该证券公司对信息安全相关问题进行全面自查，切实提高系统运维保障能力和故障原因排查能力，完善信息安全应急处理工作机制，加强信息技术人员培训，确保其履职能力，杜绝类似问题再次发生。

请问：请结合《数据安全法》的相关知识评析以上事例。

【课后思考】

请结合所学知识分析《网络安全法》与《数据安全法》的关系。

第七章

未成年人网络保护法律制度

【本章重点】

1. 未成年人网络保护的特殊性。
2. 未成年人网络保护的制度架构。

第一节　概　　述

一、未成年人及其网络保护问题

根据《中华人民共和国未成年人保护法》(以下简称《未成年人保护法》)第二条的规定,未成年人是指未满 18 周岁的公民。由于未成年人的脆弱性、发展性以及对家庭的依赖性等特征都要求对未成年人进行特殊保护。

根据共青团中央维护青少年权益部等于 2023 年 12 月发布的《第 5 次全国未成年人互联网使用情况调查报告》(以下简称《报告》)显示,截至 2022 年年底,我国未成年网民规模已达 1.93 亿人,未成年人互联网普及率已达 97.2%,几乎达到饱和状态。《报告》显示未成年人网络保护面临的五大新风险点,需得到各方关注。

第一,农村未成年人网络使用风险更大。《报告》显示,城乡未成年人互联网接入水平差距持续减小,从 2018 年相差 5.4 个百分点到 2022 年相差 1.0 个百分点,这意味着城乡互联网接入的鸿沟已经消弭。农村未成年人把手机作为上网设备、用手机玩游戏的比例均比城镇未成年人更多,用手机看短视频和直播的人数与城镇未成年人比例接近,但在安全防范意识上与城镇未成年人差距较大。农村家长对孩子的网络保护意识和保护能力更弱。

第二,住校未成年人网络使用易被忽视。《报告》显示,住校未成年人网络依赖比例更高,感到非常依赖、比较依赖的比例,比跟父母双亲、父母一方、亲属同住的监护方式高约 12～16 个百分点。住校未成年人节假日使用手机时长更长,尤其是使用 5 小时以上的比例,比与父母双方、父母一方、与亲属同住的监护形式高 14～17 个百分点。

第三,新型智能设备易生保护盲区。《报告》显示,新型智能设备如智能手表、智能台灯、词典笔、平板学习机等的使用在未成年人中占比较 2021 年又有增加，尤其是儿童智能手表的使用占比已经达到四成。这类手表的功能五花八门，其内置 App 让人眼花缭乱，有些 App 的内容与功能非常不适合未成年人。也有的家教机、电子字典内容涉黄涉暴，有的智能台灯可直接链接成人网站。

第四，对网络学习功能缺乏引导。《报告》显示，未成年人通过互联网学习成为遥遥领先的网络活动，比玩游戏、看视频、聊天等活动均超过 20 个百分点。认为网络给学习带来积极影响的人数比例也比 2018 年提高了 24 个百分点，这说明互联网一代已经习惯了在线学习方式。在线学习存在网络迷航、时间难以控制、注意力不集中等问题。此外，未成年人用网络搜索信息、看新闻资讯等学习功能不多，超半数未成年人缺乏甄别信息权威性的意识。

第五，没有跟上未成年人追逐新技术的步伐。《报告》显示，未成年人对新技术变革有强烈的好奇心，他们中的四成多表示对人工智能等知识非常感兴趣。但是，多数未成年人对新技术带来的风险，如虚假视频、音频等缺乏安全意识和分辨能力。他们获取这方面的知识主要是靠网络和课外阅读，来自学校的辅导与服务不到四成，来自家庭的帮助更少，难以及时对未成年人可能遇到的网络安全风险进行提示。

二、我国未成年人网络法律保护制度体系的构成

为保护未成年人网络安全，我国先后制定了一系列法律、法规、规章，对未成年人的网络安全进行全面保护。

总体上，可以从内容上将保护未成年人网络安全的法律法规分为一般法和特殊法两类。

这里的一般法是指保护相关领域广泛权利主体的网络法益，并不以未成年人的网络权益为唯一保护对象的法律法规，包括《网络安全法》《未成年人保护法》《个人信息保护法》等。其中，2017 年实施的《网络安全法》第十三条专门提出"为未成年人提供安全、健康的网络环境"；2020 年修订的《未成年人保护法》增设"网络保护"专章，对网络保护理念、相关企业责任等作出全面规范；2021 年实施的《个人信息保护法》则要求对处理不满十四周岁未成年人个人信息的，应当取得其父母或其他监护人同意，应当制定专门的个人信息处理规则。

这里的特殊法是指仅以未成年人的网络安全为保护对象的专门性法律法规。2024 年 1 月 1 日起施行的《未成年人网络保护条例》是我国第一部专门性的未成年人网络保护综合立法。该法重点就规范网络信息内容、保护个人信息、防治网络沉迷等作出了规定。此外，《儿童个人信息网络保护规定》《关于进一步严格管理切实防止未成年人沉迷网络游戏的通知》《关于加强网络文化市场未成年人保护工作的意见》《关于规范网络直播打赏　加强未成年人保护的意见》等政策文件，也属于特殊法之列。

三、未成年人网络保护的基本原则

根据《未成年人保护法》第四条、《未成年人网络保护条例》第二条的规定，未成年人网络保护以"最有利于未成年人"为基本原则。所谓"最有利于未成年人的原则"是指在保护未成年人的人身权利、财产权利及其他合法权益的过程中，要综合各方面要素进行

权衡，选择最有利于未成年人的方案，采取最有利于未成年人的措施，实现未成年人利益的最大化。立法要求基于最有利于未成年人的原则，处理涉及未成年人事项，具体实践中，应当符合下列要求：

第一，给予未成年人特殊、优先保护。

第二，尊重未成年人人格尊严。

第三，保护未成年人隐私权和个人信息。

第四，适应未成年人身心健康发展的规律和特点。

第五，听取未成年人的意见。

第六，保护与教育相结合。

《未成年人网络保护条例》本着最有利于未成年人的原则，将网络素养促进放在首位，秉持以素质促进为优先的预防式保护理念；在网络信息内容规范上，为保护未成年人身心健康，对网络内容进行更严格的管理，强化不同场景下相关主体的法定保护义务；在个人信息保护上，严控为未成年人提供信息发布、即时通信、直播发布等服务，对个人信息处理者处理未成年人信息的行为进行更为严格的要求，强化监护人、网络服务提供者的保护责任；为了防止未成年人沉迷网络，规定了强制戒除网瘾机制，明确各方主体的防沉迷责任。

四、未成年人网络保护的协同治理

为了充分调动各种力量，最大限度地保护未成年人的网络安全，《未成年人网络保护条例》第三条至第十二条规定了政府、社会组织、企业、行业协会、新闻媒体、家长、学校等多元主体共同参与、共同促进未成年人网络安全的协同治理机制。

国家网信部门负责统筹协调未成年人网络保护工作，并依据职责做好未成年人网络保护工作。国家新闻出版、电影部门和国务院教育、电信、公安、民政、文化和旅游、卫生健康、市场监督管理、广播电视等有关部门依据各自职责做好未成年人网络保护工作。县级以上地方人民政府及其有关部门依据各自职责做好未成年人网络保护工作。

共产主义青年团、妇女联合会、工会、残疾人联合会、关心下一代工作委员会、青年联合会、学生联合会、少年先锋队以及其他人民团体、有关社会组织、基层群众性自治组织，协助有关部门做好未成年人网络保护工作，维护未成年人合法权益。

学校、家庭应当教育引导未成年人参加有益身心健康的活动，科学、文明、安全、合理使用网络，预防和干预未成年人沉迷网络。

网络产品和服务提供者、个人信息处理者、智能终端产品制造者和销售者应当遵守法律、行政法规和国家有关规定，尊重社会公德，遵守商业道德，诚实信用，履行未成年人网络保护义务，承担社会责任。网络产品和服务提供者、个人信息处理者、智能终端产品制造者和销售者应当接受政府和社会的监督，配合有关部门依法实施涉及未成年人网络保护工作的监督检查，建立便捷、合理、有效的投诉、举报渠道，通过显著方式公布投诉、举报途径和方法，及时受理并处理公众投诉、举报。

任何组织和个人发现违反《未成年人网络保护条例》规定的，可以向网信、新闻出版、电影、教育、电信、公安、民政、文化和旅游、卫生健康、市场监督管理、广播电视等有关部门投诉、举报。收到投诉、举报的部门应当及时依法作出处理；不属于本部门职责的，应当及时移送有权处理的部门。

网络相关行业组织应当加强行业自律，制定未成年人网络保护相关行业规范，指导会员履行未成年人网络保护义务，加强对未成年人的网络保护。

新闻媒体应当通过新闻报道、专题栏目(节目)、公益广告等方式，开展未成年人网络保护法律法规、政策措施、典型案例和有关知识的宣传，对侵犯未成年人合法权益的行为进行舆论监督，引导全社会共同参与未成年人网络保护。

国家鼓励和支持在未成年人网络保护领域加强科学研究和人才培养，开展国际交流与合作。对在未成年人网络保护工作中作出突出贡献的组织和个人，按照国家有关规定给予表彰和奖励。

第二节　网络素养促进

《未成年人网络保护条例》第二章规定了教育部门、为未成年人提供网络服务的场所、学校、监护人、网络平台服务提供者等多元主体的网络素养促进义务。

一、政府的网络素养促进义务

国务院教育部门应当将网络素养教育纳入学校素质教育内容，并会同国家网信部门制定未成年人网络素养测评指标。教育部门应当指导、支持学校开展未成年人网络素养教育，围绕网络道德意识形成、网络法治观念培养、网络使用能力建设、人身财产安全保护等，培育未成年人网络安全意识、文明素养、行为习惯和防护技能。

县级以上人民政府应当科学规划、合理布局，促进公益性上网服务均衡协调发展，加强提供公益性上网服务的公共文化设施建设，改善未成年人上网条件。县级以上地方人民政府应当通过为中小学校配备具有相应专业能力的指导教师、政府购买服务或者鼓励中小学校自行采购相关服务等方式，为学生提供优质的网络素养教育课程。

国家鼓励和支持研发、生产和使用专门以未成年人为服务对象、适应未成年人身心健康发展规律和特点的网络保护软件、智能终端产品和未成年人模式、未成年人专区等网络技术、产品、服务，加强网络无障碍环境建设和改造，促进未成年人开阔眼界、陶冶情操、提高素质。

国家网信部门会同国务院有关部门根据未成年人网络保护工作的需要，明确未成年人网络保护软件、专门供未成年人使用的智能终端产品的相关技术标准或者要求，指导监督网络相关行业组织按照有关技术标准和要求对未成年人网络保护软件、专门供未成年人使用的智能终端产品的使用效果进行评估。

二、具有显著影响的网络平台服务提供者的特殊义务

根据《未成年人网络保护条例》第二十条的规定，未成年人用户数量巨大或者对未成年人群体具有显著影响的网络平台服务提供者，应当履行下列义务：

(1) 在网络平台服务的设计、研发、运营等阶段，充分考虑未成年人身心健康发展特点，定期开展未成年人网络保护影响评估。

(2) 提供未成年人模式或者未成年人专区等，便利未成年人获取有益身心健康的平台内产品或者服务。

(3) 按照国家规定建立健全未成年人网络保护合规制度体系，成立主要由外部成员组成的独立机构，对未成年人网络保护情况进行监督。

(4) 遵循公开、公平、公正的原则，制定专门的平台规则，明确平台内产品或者服务提供者的未成年人网络保护义务，并以显著方式提示未成年人用户依法享有的网络保护权利和遭受网络侵害的救济途径。

(5) 对违反法律、行政法规严重侵害未成年人身心健康或者侵犯未成年人其他合法权益的平台内产品或者服务提供者，停止提供服务。

(6) 每年发布专门的未成年人网络保护社会责任报告，并接受社会监督。

三、其他主体的网络素养促进义务

学校、社区、图书馆、文化馆、青少年宫等场所为未成年人提供互联网上网服务设施的，应当通过安排专业人员、招募志愿者等方式，以及安装未成年人网络保护软件或者采取其他安全保护技术措施，为未成年人提供上网指导和安全、健康的上网环境。

学校应当将提高学生网络素养等内容纳入教育教学活动，并合理使用网络开展教学活动，建立健全学生在校期间上网的管理制度，依法规范管理未成年学生带入学校的智能终端产品，帮助学生养成良好上网习惯，培养学生网络安全和网络法治意识，增强学生对网络信息的获取和分析判断能力。

未成年人的监护人应当加强家庭家教家风建设，提高自身网络素养，规范自身使用网络的行为，加强对未成年人使用网络行为的教育、示范、引导和监督。未成年人的监护人应当合理使用并指导未成年人使用网络保护软件、智能终端产品等，创造良好的网络使用家庭环境。

未成年人网络保护软件、专门供未成年人使用的智能终端产品应当具有有效识别违法信息和可能影响未成年人身心健康的信息、保护未成年人个人信息权益、预防未成年人沉迷网络、便于监护人履行监护职责等功能。

智能终端产品制造者应当在产品出厂前安装未成年人网络保护软件，或者采用显著方式告知用户安装渠道和方法。智能终端产品销售者在产品销售前应当采用显著方式告知用户安装未成年人网络保护软件的情况以及安装渠道和方法。

第三节　未成年人网络安全保护制度

一、网络信息内容安全制度

为保护未成年人的身心健康，在基本的网络信息内容安全法律制度基础之上，《未成年人网络保护条例》提出了更为严格的要求。

(一) 违法信息禁止

任何组织和个人不得制作、复制、发布、传播含有宣扬淫秽、色情、暴力、邪教、迷信、赌博、引诱自残自杀、恐怖主义、分裂主义、极端主义等危害未成年人身心健康内容的网络信息。任何组织和个人不得制作、复制、发布、传播或者持有有关未成年人的淫秽色情网络信息。

任何组织和个人不得在专门以未成年人为服务对象的网络产品和服务中制作、复制、发布、传播《未成年人网络保护条例》第二十三条第一款所述的可能影响未成年人身心健康的信息。

网络产品和服务提供者不得在首页首屏、弹窗、热搜等处于产品或者服务醒目位置、易引起用户关注的重点环节呈现该条例第二十三条第一款规定的可能影响未成年人身心健康的信息。

任何组织和个人不得向未成年人发送、推送或者诱骗、强迫未成年人接触含有危害或者可能影响未成年人身心健康内容的网络信息。

(二) 不良信息提示

网络产品和服务中含有可能引发或者诱导未成年人模仿不安全行为、实施违反社会公德行为、产生极端情绪、养成不良嗜好等可能影响未成年人身心健康的信息的，制作、复制、发布、传播该信息的组织和个人应当在信息展示前予以显著提示。

网络产品和服务提供者发现用户发布、传播本有关信息未予显著提示的，应当作出提示或者通知用户予以提示；未作出提示的，不得传输该信息。

国家网信、新闻出版、电影部门和国务院教育、电信、公安、文化和旅游、广播电视等部门发现应提示信息未予显著提示的，应当要求网络产品和服务提供者按照本条例第二十九条的规定予以处理；对来源于境外的上述信息，应当依法通知有关机构采取技术措施和其他必要措施阻断传播。

(三) 营销禁止

鉴于未成年人尚不具备充分的认知能力和判断能力，因此《未成年人网络保护条例》明确禁止网络产品和服务提供者通过自动化决策方式向未成年人进行商业营销。

(四) 禁止网络欺凌

任何组织和个人不得通过网络以文字、图片、音视频等形式，对未成年人实施侮辱、诽谤、威胁或者恶意损害形象等网络欺凌行为。

网络产品和服务提供者应当建立健全网络欺凌行为的预警预防、识别监测和处置机制，设置便利未成年人及其监护人保存遭受网络欺凌记录、行使通知权利的功能、渠道，提供便利未成年人设置屏蔽陌生用户、本人发布信息可见范围、禁止转载或者评论本人发布信息、禁止向本人发送信息等网络欺凌信息防护选项。

网络产品和服务提供者应当建立健全网络欺凌信息特征库，优化相关算法模型，采用人工智能、大数据等技术手段和人工审核相结合的方式加强对网络欺凌信息的识别监测。

二、未成年个人信息网络保护制度

(一) 实名制制度

网络服务提供者为未成年人提供信息发布、即时通讯等服务的，应当依法要求未成年人或者其监护人提供未成年人真实身份信息。未成年人或者其监护人不提供未成年人真实身份信息的，网络服务提供者不得为未成年人提供相关服务。

网络直播服务提供者应当建立网络直播发布者真实身份信息动态核验机制，不得向不符合法律规定情形的未成年人用户提供网络直播发布服务。

(二) 个人信息权利行使的协助制度

未成年人或者其监护人依法请求查阅、复制、更正、补充、删除未成年人个人信息的，个人信息处理者应当遵守以下规定：

(1) 提供便捷的支持未成年人或者其监护人查阅未成年人个人信息种类、数量等的方法和途径，不得对未成年人或者其监护人的合理请求进行限制。

(2) 提供便捷的支持未成年人或者其监护人复制、更正、补充、删除未成年人个人信息的功能，不得设置不合理条件。

(3) 及时受理并处理未成年人或者其监护人查阅、复制、更正、补充、删除未成年人个人信息的申请，拒绝未成年人或者其监护人行使权利的请求的，应当书面告知申请人并说明理由。

对未成年人或者其监护人依法提出的转移未成年人个人信息的请求，符合国家网信部门规定条件的，个人信息处理者应当提供转移的途径。

(三) 安全保障制度

1. 最小授权制度

个人信息处理者对其工作人员应当以最小授权为原则，严格设定信息访问权限，控制未成年人个人信息知悉范围。工作人员访问未成年人个人信息的，应当经过相关负责人或者其授权的管理人员审批，记录访问情况，并采取技术措施，避免违法处理未成年人个人信息。

2. 应急处理制度

发生或者可能发生未成年人个人信息泄露、篡改、丢失的，个人信息处理者应当立即启动个人信息安全事件应急预案，采取补救措施，及时向网信等部门报告，并按照国家有关规定将事件情况以邮件、信函、电话、信息推送等方式告知受影响的未成年人及其监护人。

个人信息处理者难以逐一告知的，应当采取合理、有效的方式及时发布相关警示信息，法律、行政法规另有规定的除外。

三、网络沉迷防治制度

(一) 网络产品和服务提供者的防沉迷义务

网络产品和服务提供者应当建立健全防沉迷制度，不得向未成年人提供诱导其沉迷的产品和服务，及时修改可能造成未成年人沉迷的内容、功能和规则，并每年向社会公布防沉迷工作情况，接受社会监督。

网络游戏、网络直播、网络音视频、网络社交等网络服务提供者应当针对不同年龄阶段未成年人使用其服务的特点，坚持融合、友好、实用、有效的原则，设置未成年人模式，在使用时段、时长、功能和内容等方面按照国家有关规定和标准提供相应的服务，并以醒目便捷的方式为监护人履行监护职责提供时间管理、权限管理、消费管理等功能。

网络游戏、网络直播、网络音视频、网络社交等网络服务提供者应当采取措施，合理限制不同年龄阶段未成年人在使用其服务中的单次消费数额和单日累计消费数额，不得向未成年人提供与其民事行为能力不符的付费服务。

网络游戏、网络直播、网络音视频、网络社交等网络服务提供者应当采取措施，防范和抵制流量至上等不良价值倾向，不得设置以应援集资、投票打榜、刷量控评等为主题的网络社区、群组、话题，不得诱导未成年人参与应援集资、投票打榜、刷量控评等网络活动，并预防和制止其用户诱导未成年人实施上述行为。

网络游戏服务提供者应当通过统一的未成年人网络游戏电子身份认证系统等必要手段验证未成年人用户真实身份信息。网络产品和服务提供者不得为未成年人提供游戏账号租售服务。

网络游戏服务提供者应当建立、完善预防未成年人沉迷网络的游戏规则，避免未成年人接触可能影响其身心健康的游戏内容或者游戏功能。

网络游戏服务提供者应当落实适龄提示要求，根据不同年龄阶段未成年人身心发展特点和认知能力，通过评估游戏产品的类型、内容与功能等要素，对游戏产品进行分类，明确游戏产品适合的未成年人用户年龄阶段，并在用户下载、注册、登录界面等位置予以显著提示。

(二) 其他主体的防沉迷义务

教育、卫生健康、市场监督管理等部门依据各自职责对从事未成年人沉迷网络预防和干预活动的机构实施监督管理。

学校应当加强对教师的指导和培训，提高教师对未成年学生沉迷网络的早期识别和干预能力。对于有沉迷网络倾向的未成年学生，学校应当及时告知其监护人，共同对未成年学生进行教育和引导，帮助其恢复正常的学习生活。

未成年人的监护人应当指导未成年人安全合理使用网络，关注未成年人上网情况以及相关生理状况、心理状况、行为习惯，防范未成年人接触危害或者可能影响其身心健康的网络信息，合理安排未成年人使用网络的时间，预防和干预未成年人沉迷网络。

新闻出版、教育、卫生健康、文化和旅游、广播电视、网信等部门应当定期开展预防未成年人沉迷网络的宣传教育，监督检查网络产品和服务提供者履行预防未成年人沉迷网络义务的情况，指导家庭、学校、社会组织互相配合，采取科学、合理的方式对未成年人沉迷网络进行预防和干预。

国家新闻出版部门牵头组织开展未成年人沉迷网络游戏防治工作，会同有关部门制定关于向未成年人提供网络游戏服务的时段、时长、消费上限等管理规定。

卫生健康、教育等部门依据各自职责指导有关医疗卫生机构、高等学校等，开展未成年人沉迷网络所致精神障碍和心理行为问题的基础研究和筛查评估、诊断、预防、干预等应用研究。

【案例讨论】

莫莉(化名)是一名 14 岁英国女孩，2017 年的一天，她在放学回家后被发现死亡。在莫莉去世前的六个月里，她在某社交平台上保存、点赞或分享了 16 300 条内容，其中 2100 条与自杀、自残和抑郁有关。验尸官裁定，莫莉因患有抑郁症和"网络内容的负面影响"而自残死亡。调查得知，来自伦敦西北部哈罗的莫莉在生命的最后几个月接触了大量有害的社交媒体内容。

该事件引发了英国公众的强烈抗议，民众纷纷要求加强对网络不良信息的管控，关注儿童的网络使用行为，避免儿童遭受网络不良信息的侵害。前英国内政大臣萨吉德·贾维德称："科技巨头和社交媒体公司有义务保护青少年用户的安全。我们多次呼吁采取管治措施，但虐待儿童和恐怖主义等有害和非法内容仍在网络上泛滥成灾。"

2019 年 4 月，英国政府发布《网络危害白皮书》，提出一系列对网络不当内容进行管治的建议，包括删除互联网上可能对儿童造成不良影响的恐怖、暴力、自残、自杀、虐待和欺凌等内容。2020 年 1 月 22 日，英国信息专员办公室为了保障儿童安全使用网络，避免儿童身心健康受到网络不良信息影响，保护儿童网络隐私，针对儿童可能使用的网络服务颁布《适龄设计规范》，包括数据使用、隐私保护、父母监控、年龄分级限制、内容限制等 15 项内容。例如，在设计和开发可能会被儿童使用的功能时，应首先考虑使用有效的方法识别儿童年龄并进行风险评估，确保平台内容不会对儿童的健康和隐私等权利造成侵害。风险评估的标准包括：是否会造成人身伤害？是否会造成焦虑、自卑、欺凌？是否鼓励不健康或者危险行为？是否会造成儿童面对屏幕时间过多？是否会造成儿童睡眠不足等。

"我们希望英国成为世界上网络最安全的地方，"英国数字化、文化、媒体和体育大臣杰里米·赖特称，"新法律提案将有助于确保我们每个人都能安全使用互联网。"

请结合国内外的情况谈一谈你对于未成年人网络保护的重点与难点的看法。

【课后思考】

谈一谈在未成年人网络保护上应如何贯彻"最有利于未成年人"的原则。

第八章

网络安全犯罪

【本章重点】

1. 非法侵入计算机信息系统罪的构成。
2. 非法获取计算机信息系统数据、非法控制计算机信息系统罪的构成。
3. 提供侵入、非法控制计算机信息系统程序、工具罪的构成。
4. 破坏计算机信息系统罪的构成。
5. 拒不履行信息网络安全管理义务罪的构成。
6. 非法利用信息网络罪的构成。

我国刑法中，利用计算机进行的特定犯罪是指违反国家规定，利用以计算机为核心的信息技术，破坏电子信息交流安全秩序，严重危害社会公共利益等的依法应负刑事责任的行为。所谓利用信息技术，具有两个方面的含义：一是指行为人利用计算机信息系统本身所具有的采集、存储传输、检索、加工、处理和控制信息的功能；二是指行为人利用自己所掌握的计算机技术知识和其他影响电子信息交流安全的技术手段，如电磁技术等。

第一节　非法侵入计算机信息系统罪

一、概念

根据《刑法》第二百八十五条第二款规定，非法侵入计算机信息系统罪是指违反国家规定，侵入国家事务、国防建设、尖端科学技术领域的计算机信息系统的行为。

二、构成

（一）主体

非法侵入计算机信息系统罪的主体为一般主体，即已满 16 周岁且具有刑事责任能力的自然人。但鉴于现实中，不少行为人小于 16 周岁，这种情况下虽然不将其行为作为犯罪处理，但应责令监护人对其严加管教。随着计算机技术的发展，本罪的主体趋向低龄化、低文化程度。

(二) 犯罪故意

非法侵入计算机信息系统罪的罪过形式表现为故意，即行为人明知是国家事务、国防建设、尖端科学技术领域的计算机信息系统而擅自侵入，并且希望这种结果发生。如果行为人是无意侵入又马上退出的，不以犯罪论处；如果行为人是无意侵入，发现是上述系统，但又不马上退出的，此时，过失已转化为故意，应以本罪论处。至于行为人侵入国家事务、国防建设、尖端科学技术领域的计算机信息系统的目的与动机如何，并不影响本罪的成立。

(三) 单一危害行为

非法侵入计算机信息系统罪的危害行为表现为行为人实施了非法侵入国家事务、国防建设、尖端科学技术领域的计算机信息系统的行为。所谓"侵入"，是指未取得国家有关主管部门合法授权或者批准，通过计算机终端访问国家重要计算机信息系统或者进行数据截收的行为。在司法实践当中，本罪一般表现为行为人凭借其计算机技术，采用破译、窃取、刺探、骗取电脑安全密码等手段，操作计算机侵入国家事务、国防建设、尖端科学技术领域的计算机信息系统。

(四) 特定犯罪前提

非法侵入计算机信息系统罪的特定犯罪前提是行为人违反了国家规定。所谓"国家规定"，主要是指《计算机系统安全保护条例》第四条规定的："计算机信息系统的安全保护工作，重点维护国家事务、经济建设、国防建设、尖端科学技术等重要领域的计算机信息系统的安全。计算机信息系统的使用单位应当建立健全安全管理制度，负责本单位计算机信息系统的安全保护工作。"《计算机信息网络国际联网安全保护管理办法》规定：任何单位和个人不得从事下列危害计算机信息网络安全的活动：

(1) 未经允许，进入计算机信息网络或者使用计算机信息网络资源的。

(2) 未经允许，对计算机信息网络功能进行删除、修改或者增加的。

(3) 未经允许，对计算机信息网络中存储、处理或者传输的数据和应用程序进行删除修改或者增加的。

(4) 故意制作、传播计算机病毒等破坏性程序的。

(5) 其他危害计算机信息网络安全的。

(五) 特定的犯罪对象

非法侵入计算机信息系统罪侵害的对象是国家重要的计算机信息系统，即国家事务、国防建设、尖端科学技术领域的计算机信息系统。

(六) 犯罪客体

非法侵入计算机信息系统罪的犯罪客体是国家事务、国防建设、尖端科学技术领域的计算机信息系统的安全。

三、处罚

根据《刑法》规定：犯本罪，处三年以下有期徒刑或者拘役。

第二节 非法获取计算机信息系统数据、非法控制计算机信息系统罪

一、概念与特征

（一）概念

非法获取计算机信息系统数据、非法控制计算机信息系统罪，是指违反国家规定，侵入国家事务、国防建设、尖端科学技术领域以外的计算机信息系统或者采用其他技术手段，获取该计算机信息系统中存储、处理或者传输的数据，或者对该计算机信息系统实施非法控制，情节严重的行为。

（二）特征

(1) 非法获取计算机信息系统数据、非法控制计算机信息系统罪的客体为复杂客体，包括国家对计算机系统安全的管理秩序，计算机信息系统的正常运行秩序及计算机信息系统及其存储、处理或者传输的数据的安全。

(2) 本罪的客观方面表现为违反国家规定，侵入国家事务、国防建设、尖端科学技术领域以外的计算机信息系统或者采用其他技术手段，获取该计算机信息系统中存储、处理或者传输的数据，或者对该计算机信息系统实施非法控制的行为，包括：

① 非法获取计算机信息系统数据，"其他技术手段"指利用钓鱼网站等技术手段。

② 非法控制计算机信息系统，是指未经授权或者超越授权控制计算机信息系统执行特定操作。在非法侵入计算机信息系统后，并未破坏计算机信息系统的功能或者数据，而是通过控制计算机实施特定的操作获利的行为被称为"非法控制计算机信息系统"。

③ 本罪要求必须是情节严重。

(3) 本罪的主体是一般主体，凡年满 16 周岁、具有刑事责任能力的自然人以及单位均可以成为本罪的主体。

(4) 本罪的主观方面由故意构成。

二、处罚

根据《刑法》第二百八十五条第二款的规定：犯本罪的，处三年以下有期徒刑或者拘役，并处或者单处罚金；情节特别严重的，处三年以上七年以下有期徒刑，并处罚金。

对于何谓"情节严重"和"情节特别严重",《危害计算机信息系统安全刑事案件应用法律若干问题的解释》第一条进行了规定:

(1) 获取支付结算、证券交易、期货交易等网络金融服务的身份认证信息十组以上的。

(2) 获取第(1)项以外的身份认证信息五百组以上的。

(3) 非法控制计算机信息系统二十台以上的。

(4) 违法所得五千元以上或者造成经济损失一万元以上的。

(5) 其他情节严重的情形。

实施前款规定行为,具有下列情形之一的,应当认定为《刑法》第二百八十五条第二款规定的"情节特别严重":

(1) 数量或者数额达到前款第(1)项至第(4)项规定标准五倍以上的。

(2) 其他情节特别严重的情形。

第三节　提供侵入、非法控制计算机信息系统程序、工具罪

一、概念

提供侵入、非法控制计算机信息系统程序、工具罪,是指提供专门用于侵入、非法控制计算机信息系统的程序、工具,或者明知他人实施侵入、非法控制计算机信息系统的违法犯罪行为而为其提供程序、工具,情节严重的行为。

二、特征

(1) 提供侵入、非法控制计算机信息系统程序、工具罪的客体为国家对计算机信息系统的管理秩序。

(2) 本罪的客观方面表现为提供专门用于侵入、非法控制计算机信息系统的程序、工具,或者明知他人实施侵入、非法控制计算机信息系统的违法犯罪行为而为其提供程序、工具,情节严重的行为:

① 实施了提供专门用于侵入、非法控制计算机信息系统专用程序、工具的行为。

② 明知他人实施侵入、非法控制计算机信息系统的行为而为其提供程序、工具。

③ 必须达到"情节严重"的程度才构成犯罪。

(3) 本罪的主体是一般主体。

(4) 本罪的主观方面为故意,且为直接故意,过失不构成本罪。

根据《危害计算机信息系统安全刑事案件应用法律若干问题的解释》第二条的规定,具有下列情形之一的程序、工具,应当认定为《刑法》第二百八十五条第三款规定的"专门用于侵入、非法控制计算机信息系统的程序、工具":

(1) 具有避开或者突破计算机信息系统安全保护措施,未经授权或者超越授权获取计算机信息系统数据的功能的。

(2) 具有避开或者突破计算机信息系统安全保护措施,未经授权或者超越授权对计算机信息系统实施控制的功能的。

(3) 其他专门设计用于侵入、非法控制计算机信息系统，非法获取计算机信息系统数据的程序、工具的。

三、量刑

根据《危害计算机信息系统安全刑事案件应用法律若干问题的解释》第三条的规定，提供侵入、非法控制计算机信息系统的程序、工具，具有下列情形之一的，应当认定为《刑法》第二百八十五条第三款规定的"情节严重"：

(1) 提供能够用于非法获取支付结算、证券交易、期货交易等网络金融服务身份认证信息的专门性程序、工具五人次以上的。

(2) 提供第(1)项以外的专门用于侵入、非法控制计算机信息系统的程序、工具二十人次以上的。

(3) 明知他人实施非法获取支付结算、证券交易、期货交易等网络金融服务身份认证信息的违法犯罪行为而为其提供程序、工具五人次以上的。

(4) 明知他人实施第(3)项以外的侵入、非法控制计算机信息系统的违法犯罪行为而为其提供程序、工具二十人次以上的。

(5) 违法所得五千元以上或者造成经济损失一万元以上的。

(6) 其他情节严重的情形。

实施前款规定行为，具有下列情形之一的，应当认定为提供侵入、非法控制计算机信息系统的程序、工具"情节特别严重"：

(1) 数量或者数额达到前款第(1)项至第(5)项规定标准五倍以上的。

(2) 其他情节特别严重的情形。

第四节　破坏计算机信息系统罪

一、概念

破坏计算机信息系统罪是指违反国家规定，对计算机信息系统功能进行删除、修改、增加、干扰，造成计算机信息系统不能正常运行，或者对计算机信息系统中存储、处理或者传输的数据和应用程序进行删除、修改、增加的操作，或者故意制作、传播计算机病毒等破坏性程序，影响计算机系统正常运行，后果严重的行为。

二、构成

破坏计算机信息系统罪的客体为计算机信息系统安全。

本罪的客观方面表现为违反国家规定，对计算机信息系统功能进行删除、修改、增加、干扰，造成计算机信息系统不能正常运行，或者对计算机信息系统中存储、处理或者传输的数据和应用程序进行删除、修改、增加的操作，或者故意制作、传播计算机病毒等破坏性程序，影响计算机系统正常运行，后果严重的行为。构成本罪客观方面的行为包括三种行为方式：① 破坏计算机信息系统功能；② 破坏计算机信息系统数据、应用程序；③ 以传播计算机病毒等破坏性程序形式破坏计算机系统。

三、量刑

根据《刑法》第二百八十六条的规定，犯破坏计算机信息系统罪的，处五年以下有期徒刑或者拘役；后果特别严重的，处五年以上有期徒刑。

根据《关于办理危害计算机信息系统安全刑事案件应用法律若干问题的解释》第四条的规定，破坏计算机信息系统功能、数据或者应用程序，具有下列情形之一的，应当认定为《刑法》第二百八十六条第一款和第二款规定的"后果严重"：

(1) 造成十台以上计算机信息系统的主要软件或者硬件不能正常运行的。

(2) 对二十台以上计算机信息系统中存储、处理或者传输的数据进行删除、修改、增加操作的。

(3) 违法所得五千元以上或者造成经济损失一万元以上的。

(4) 造成为一百台以上计算机信息系统提供域名解析、身份认证、计费等基础服务或者为一万以上用户提供服务的计算机信息系统不能正常运行累计一小时以上的。

(5) 造成其他严重后果的。

实施前款规定行为，具有下列情形之一的，应当认定为破坏计算机信息系统"后果特别严重"：

(1) 数量或者数额达到前款第(1)项至第(3)项规定标准五倍以上的。

(2) 造成为五百台以上计算机信息系统提供域名解析、身份认证、计费等基础服务或者为五万以上用户提供服务的计算机信息系统不能正常运行累计一小时以上的。

(3) 破坏国家机关或者金融、电信、交通、教育、医疗、能源等领域提供公共服务的计算机信息系统的功能、数据或者应用程序，致使生产、生活受到严重影响或者造成恶劣社会影响的。

(4) 造成其他特别严重后果的。

第五节　拒不履行信息网络安全管理义务罪

一、拒不履行信息网络安全管理义务罪的增设

当前网络犯罪"高发低破"，网络服务提供者未能切实履行网络安全义务是其中的重要原因，如在发现和有效制止黑客攻击行为后，由于网络服务提供者未能有效留存登录日志等原因，无法追查到行为人的，则无法有效惩治和预防这类行为。这严重影响追查危害互联网安全犯罪的行为，会对网络安全形成重大隐患，对于情节严重的应当入刑。

《刑法修正案(九)》将网络服务提供者不履行法律、行政法规规定的信息网络安全管理义务，经监管部门责令采取改正措施而拒不改正，情节严重的行为规定为犯罪。

根据《刑法》第二百八十六条的规定，网络服务提供者不履行法律、行政法规规定的信息网络安全管理义务，经监管部门责令采取改正措施而拒不改正，有下列情形之一的，处三年以下有期徒刑、拘役或者管制，并处或者单处罚金：

(1) 致使违法信息大量传播的。

(2) 致使用户信息泄露，造成严重后果的。

(3) 致使刑事案件证据灭失，情节严重的。

(4) 有其他严重情节的。

二、"网络服务提供者"的犯罪

本罪的犯罪主体为"网络服务提供者"。"网络服务"包括以下内容：

(1) 网络接入服务、信息服务、数据中心服务、网络加速服务、上网服务、应用服务、域名服务等网络接入、存储、传输、应用服务。

(2) 利用信息网络提供的政务、金融、通信、交通、民航、教育、医疗、能源等公共服务。

三、"信息网络安全管理义务"的把握

信息网络安全管理义务主要包括防止违法信息大量传播义务、防止用户信息泄露义务以及防止刑事案件证据灭失义务。

(一) 防止违法信息大量传播义务

根据《网络安全法》第四十七条的规定，网络运营者应当加强对其用户发布的信息的管理，发现法律、行政法规禁止发布或者传输的信息的，应当立即停止传输该信息，采取消除等处置措施，防止信息扩散，保存有关记录，并向有关主管部门报告。因此，防止违法信息大量传播义务是网络服务提供者的信息网络安全管理义务之一。

(二) 防止用户信息泄露义务

根据《网络安全法》第四十二条第二款的规定，网络运营者应当采取技术措施和其他必要措施，确保其收集的个人信息安全，防止信息泄露、毁损、丢失；在发生或者可能发生个人信息泄露、毁损、丢失的情况时，应当立即采取补救措施，按照规定及时告知用户并向有关主管部门报告。因此，防止用户信息泄露义务是网络服务提供者的信息网络安全管理义务之一。

(三) 防止刑事案件证据灭失义务

根据《网络安全法》第二十八条规定，网络运营者应当为公安机关、国家安全机关依法维护国家安全和侦查犯罪的活动提供技术支持和协助。因此，防止刑事案件证据灭失义务是网络服务提供者的信息网络安全管理义务之一。

四、"经监管部门责令采取改正措施而拒不改正"的认定

(一) 责令改正的主体

责令改正的主体主要有公安机关、国家安全机关、国家保密机关以及其他有关部门。

（二）责令改正的对象

责令改正的对象包括提供信息网络服务的单位以及其分支结构。

（三）责令改正的内容

责令改正的内容的确定需要根据改正对象的违法情形确定。例如，责令网络服务提供者采取特定措施，以筛查违法信息等。

（四）拒不改正的认定

责令改正的书面文书下达后在指定期限内未采取改正措施的，应当认定为"拒不改正"。

（五）免责规则的确立

网络服务提供者已履行相应义务的情形下可以免责。

五、"情节严重"的认定

根据《刑法修正案(九)》的规定，"情节严重"按照以下规则加以认定：

(1) "致使违法信息大量传播的"的情形。

(2) "致使用户信息泄露，造成严重后果"的情形。

(3) "致使刑事案件证据灭失，情节严重"的情形。"情节严重"可以主要从致使刑事证据灭失的次数和灭失的刑事证据涉及的案件类型等角度加以认定。

(4) "有其他严重情节"的情形。例如：① 致使国家机关或者金融、电信、交通、教育、医疗、能源等领域提供公共服务的信息网络受到破坏，严重影响生产、生活或者造成恶劣社会影响的；② 致使信息网络服务被多次用于犯罪，或者被用于危害国家安全犯罪、恐怖活动犯罪、黑社会性质的组织犯罪、重大毒品犯罪或者其他严重犯罪的；③ 致使造成特别重大的经济损失的。

第六节　非法利用信息网络罪

一、非法利用信息网络罪的增设

《网络安全法》第六十七条规定：违反本法第四十六条规定的，设立用于实施违法犯罪活动的网站、通信群组，或者利用网络发布涉及实施违法犯罪活动的信息，尚不构成犯罪的，由公安机关处五日以下拘留，可以并处一万元以上十万元以下罚款；情节较重的，处五日以上十五日以下拘留，可以并处五万元以上五十万元以下罚款。关闭用于实施违法犯罪活动的网站、通信群组。

单位有前款行为的，由公安机关处十万元以上五十万元以下罚款，并对直接负责的主管人员和其他直接责任人员依照前款规定处罚。

2017 年《刑法》修正案就增设了这一罪名。

根据《刑法》第二百八十七条的规定，利用信息网络实施下列行为之一，情节严重的，处三年以下有期徒刑或者拘役，并处或者单处罚金：

(1) 设立用于实施诈骗，传授犯罪方法，制作或者销售违禁物品、管制物品等违法犯罪活动的网站、通信群组的。

(2) 发布有关制作或者销售毒品、枪支、淫秽物品等违禁物品、管制物品或者其他违法犯罪信息的。

(3) 为实施诈骗等违法犯罪活动发布信息的。

二、非法利用信息网络罪的客观行为界定

行为人实施了相应的网上行为，即所设立的网站、群组用于实施违法犯罪活动，或者所发布的信息内容有关违法犯罪或者为实施诈骗等违法犯罪行为。

【案例讨论】

(1) 2021 年 3 月起，被告人录某某入职某知名网购平台从事代码研发工作，其工作内容包括该平台预计于 6 月开展的网购促销活动优惠券、预算系统、补贴规则等内容的代码研发。

同年 6 月，录某某因工作原因被该网购平台劝退。后其在未经许可情况下，用本人公司账户登录平台使用代码控制该平台，将其书写的已上线运行的优惠券规则、尚未运行的预算系统以及补贴规则代码予以删除，最终导致该平台网购促销活动被迫延期。为保证系统运行通畅，该平台聘请第三方数据公司进行数据恢复并组织人员重新编写、测试代码，共计支出人民币 3 万余元。

请问：被告人的行为构成何种罪名？应当如何定罪量刑？

(2) 2019 年起，被告人薛某甲、薛某乙、林某甲、林某乙、章某某、姜某某受人招募成立引流团队，通过网络渠道为他人提供引流推广，吸引客户，推销高仿奢侈品，并根据成功引流人数非法获利。薛某甲等人分工协作，有的通过电脑端引流，即利用多开登录软件，同时登录各类自媒体平台账号，发布自行编辑的含有销售高仿奢侈品的推广文章、视频，在信息或评论中留下销售团队人员联系方式，吸引他人关注；有的通过手机端引流，即利用云控设备控制千余台手机同时登录各类自媒体平台账号，通过采集软件随机获取平台用户 ID，进而向上述用户 ID 群发含有销售高仿奢侈品内容的信息进行推广。薛某甲等 6 人通过上述方式引流，非法获利人民币数十万元。

请问：被告人的行为分别构成何种罪名？应当如何定罪量刑？

【课后思考】

你认为可以采取哪些手段预防网络犯罪？

参 考 文 献

一、著作类

[1]　罗豪才. 软法与公共治理[M]. 北京：北京大学出版社，2006.
[2]　姜明安. 行政法与行政诉讼法[M]. 6 版. 北京：北京大学出版社，高等教育出版社，2015.
[3]　程啸. 侵权责任法[M]. 2 版. 北京：法律出版社，2015.
[4]　娄耀雄. 互联互通和接入法律问题研究[M]. 北京：北京邮电大学出版社，2015.
[5]　沈岿，付宇程，刘权，等. 电子商务监管导论[M]. 北京：法律出版社，2015.
[6]　马民虎. 网络安全法适用指南[M]. 北京：中国民主法制出版社，2018.
[7]　刘品新. 网络法学[M]. 北京：中国人民大学出版社，2015.
[8]　李涛. 网络安全概论[M]. 北京：电子工业出版社，2004.
[9]　谢永江，李欲晓. 网络安全法学[M]. 北京：北京邮电大学出版社，2017.
[10]　马民虎. 网络安全法律问题对等研究[M]. 西安：陕西科学技术出版社，2007.
[11]　夏冰. 网络安全法和网络安全等级保护 2.0[M]. 北京：电子工业出版社，2017.
[12]　齐爱民. 信息法原论：信息法的产生与体系化[M]. 武汉：武汉大学出版社，2010.
[13]　杨合庆. 中华人民共和国网络安全法释义[M]. 北京：中国民主法制出版社，2017.
[14]　喻海松. 网络犯罪二十讲[M]. 北京：法律出版社，2018.
[15]　徐汉明. 网络安全立法研究[M]. 北京：法律出版社，2016.
[16]　冯登国. 信息安全概论[M]. 北京：北京邮电大学出版社，2004.
[17]　沈昌祥. 信息安全导论[M]. 北京：电子工业出版社，2009.
[18]　程啸，王苑. 个人信息保护法教程[M]. 北京：中国人民大学出版社，2023.

二、论文类

[1]　周汉华. 论互联网法[J]. 中国法学，2015(3)：20-37.
[2]　何翔舟，金潇. 公共治理理论的发展及其中国定位[J]. 学术月刊，2014(8)：125-134.
[3]　王春晖. 互联网治理四项原则基于国际法理应成全球准则："领网权"是国家主权在网络空间的继承与延伸[J]. 南京邮电大学学报(自然科学版)，2016，36(1)：8-15.
[4]　谢永江. 网络空间的法律属性[J]. 汕头大学学报(人文社会科学版)，2016，32(4)：34-39.
[5]　沈昌祥. 关于加强信息安全保障体系的思考[J]. 信息安全与通信保密，2002(12)：11-14.
[6]　田文英，符秋艳. 论网络信息安全法的调整对象[J]. 情报杂志，2005，24(4)：100-102.
[7]　史艾武，陈建成. 应用安全与内容安全综述[J]. 计算机安全，2006，60(2)：8-12.
[8]　杨义先，钮心忻. 网络安全综论[J]. 信息系统工程，1998，(9)：9-11.
[9]　王枞，钟义信. 网络信息内容安全[J]. 计算机工程与应用，2003，(30)：153-154.
[10]　李秀英，蔡自兴. 浅析网络信息安全技术[J]. 企业技术开发，2006，25(1)：6-8.

[11]　方滨兴. 定义网络空间安全[J]. 网络与信息安全学报，2018，4(1)：1-5.

[12]　肖楠，赵恩格，颜炳文. 网络内容安全研究进展[J]. 网络安全技术与应用，2008(11)：30-32.

[13]　张鹏. 网络内容安全遭遇成长难题[N]. 通信世界周刊，2009.

[14]　李留英. 各国互联网内容安全监管现状比较与分析[J]. 信息网络安全，2010(1)：74-76.

[15]　谢永江. 论网络运营者的网络信息安全义务[J]. 汕头大学学报(人文社会科学版)，2017(7)：79-84.

[16]　张平. 大数据时代个人信息保护的立法选择[J]. 北京大学学报(哲学社会科学版)，2017，54(3)：143-151.

[17]　马奎. 计算机网络运行维护与安全管理措施[J]. 电脑知识与技术，2018，14(17)：58-59.

[18]　刘金瑞. 我国网络关键基础设施立法的基本思路和制度建构[J]. 环球法律评论，2016(5)：116-133.

[19]　于志刚. 网络犯罪与中国刑法应对[J]. 中国社会科学，2010(3)：109-126.

[20]　于志刚，吴尚聪. 我国网络犯罪发展及其立法、司法、理论应对的历史梳理[J]. 政治与法律，2018(1)：59-78.

[21]　王天华，王福强. 日本信息安全制度管窥[J]. 信息网络安全，2008(9)：58-60.

[22]　王世伟，曹磊，罗天雨. 再论信息安全、网络安全、网络空间安全[J]. 中国图书馆学报，2016，41(5)：4-28.

[23]　刘品新，张艺贞.《网络安全法》立法的三原则[J]. 中国信息安全，2014(9)：66-68.

[24]　黄晓林，张亚男，吴以源. 共同打造儿童数字未来：欧美儿童数据保护对我国的借鉴[J]. 信息安全与通信保密，2018，296(8)：49-58.

[25]　柴春元. 儿童类 App 隐私保护隐患不容忽视[N]. 检察日报，2019-09-11(004).

[26]　寿步. 网络安全法若干基本概念辨析[J]. 科技与法律，2017(4)：5-12.

[27]　陈磊，谢宗晓. 信息安全管理体系(ISMS)相关标准介绍[J]. 中国质量与标准导报，2018，252(10)：18-20.

[28]　约翰·P·巴洛，李旭，李小武. 网络独立宣言[J]. 清华法治论衡，2004(00)：509-511.

[29]　程啸. 论我国个人信息保护法的基本原则[J]. 国家检察官学院学报，2021，29(5)：3-20.

[30]　张新宝. 大型互联网平台企业个人信息保护独立监督机构研究[J]. 东方法学，2022，(4)：37-49.

[31]　许可. 数据安全法：定位、立场与制度构造[J]. 经贸法律评论，2019，(3)：52-66.

[32]　许可. 自由与安全：数据跨境流动的中国方案[J]. 环球法律评论，2021，43(1)：22-37.

[33]　黄道丽，胡文华. 中国数据安全立法形势、困境与对策：兼评《数据安全法(草案)》[J]. 北京航空航天大学学报(社会科学版)，2020，33(6)：9-17.

[34]　方禹. 为全球数据安全治理贡献中国方案：《中华人民共和国数据安全法》解读[J]. 网络传播，2021(9)：30-32.

[35]　高通. 数据安全法中的数据跨境流动规则[J]. 民主与法制时报，2021-09-15，第 03 版.

[36]　张凌寒. 个人信息跨境流动制度的三重维度[J]. 中国法律评论，2021(5)：37-47.

三、网络资源

[1] "中央网络安全和信息化领导小组会议内容"，中国中央网络安全和信息化领导小组办公室 http: //www.cac.gov.cn/2014-02/27/c_133148354.htm，最后访问日期：2019 年 9 月 18 日.

[2] "美国 FBI：2009 网络诈骗损失暴增一倍"，中国信息安全认证中心 http: //www.isccc.gov.cn/xwdt/xwkx/04/251903.shtml14，最后访问日期：2019 年 9 月 18 日.

[3] 宁华：《关键信息基础设施的概念及关键性研究》，载《中国经济网》2015 年 7 月 23 日，访问地址：http: //www.ce.cn/xwzx/kj/201507/23/t20150723_6018160.shtml。最后访问日期：2017 年 5 月 2 日.